光文社古典新訳文庫

人生の短さについて　他2篇

セネカ

中澤務訳

kobunsha classics

JN166581

光文社

Ad Paulinum
De Brevitate Vitae

Ad Helviam Matrem
De Consolatione

Ad Serenum
De Tranquillitate Animi

A. D. 1c
Author: Lucius Annaeus Seneca

凡例

（1）本訳は、Oxford Classical Texts（OCT）所収の校訂テキスト、L. D. Reynolds (ed.), *Senecae Dialogi*, Oxford University Press, 1977 を底本として使用しています。

（2）読みやすさを配慮して、訳者の判断で小見出しを付け加え、話の切れ目には「※」を挿入しています。

（3）（ ）で括られた部分は、原文中の補足的発言です。〈 〉で括られた部分は、訳者による強調です。また、［ ］で括られた部分は、原文にはない、訳者による補足的説明です。

（4）ラテン語のカタカナ表記は、できるだけ一般的なものを採用しています。そのため、必ずしも統一した規則に従っているわけではありません。

（5）訳文の下部にある数字は章節番号で、章節の開始位置を示しています。本訳での参照箇所の指定は、この章節番号でおこないます。

1世紀頃の地中海世界
黒海
マケドニア
ミュティレネ
スキアトス島
アカイア
フォカイア
アテネ
アシア
コリントス
ミレトス
ギュアロス島
セリフォス島
アレクサンドレイア
エジプト
0
300km

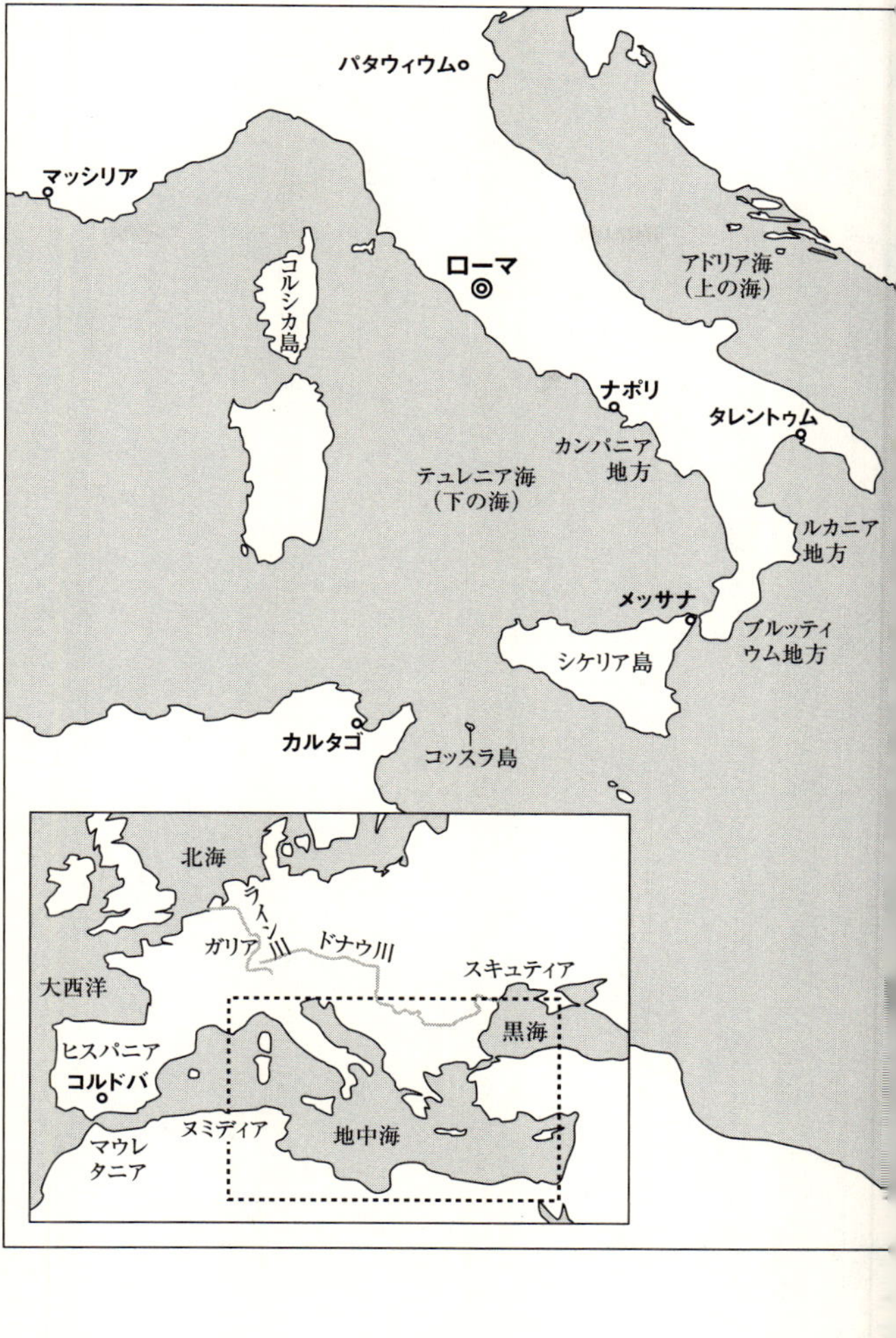

パタウィウム
マッシリア
コルシカ島
ローマ
アドリア海
（上の海）
ナポリ
タレントゥム
カンパニア
地方
テュレニア海
（下の海）
ルカニア
地方
メッサナ
ブルッティ
ウム地方
シケリア島
カルタゴ
コッスラ島
北海
ライン川
ガリア
ドナウ川
スキュティア
大西洋
黒海
ヒスパニア
コルドバ
ヌミディア
地中海
マウレ
タニア

目次

訳者まえがき

本書は、古代ローマの哲学者セネカの人と思想にふれるための入門として編まれたものです。はじめてセネカを読む人にも、セネカ自身の言葉を通してその哲学にふれることができるように、彼の代表的な作品を選んで収録しました。

セネカの生きた一世紀のローマは、激動の時代です。初代ローマ皇帝アウグストゥスの優れた政治によって、内乱で乱れた社会は、ようやく安定を取り戻しました。しかし、アウグストゥスなき後のローマ帝国は、わずか五〇年ほどのあいだに、ティベリウス、カリグラ、クラウディウス、ネロという悪名高き皇帝たちを次々に生み出し、不安定な時代に突入していくことになるのです。

セネカは、この困難な時代に、ローマ帝国の政治の中心で活躍した人物です。彼は、カリグラ帝の時代に政治の世界に入り、カリグラ帝との確執を経て、クラウディウス帝の時代には、コルシカ島への八年間の追放という逆境を経験しました。復帰後は、ネロの教育に携わり、ネロが皇帝に就任した後は、補佐役として彼の政治を支えました。しかし、結局、セネカは謀反の嫌疑をかけられ、みずから命を絶つことになるのです。

この波乱の生涯を、セネカは、古代ギリシャで生まれた哲学の学派であるストア派の教えを支えにして生き抜きました。ストア派の哲学は、古代ギリシャ哲学の伝統を下敷きにして作られた体系的哲学ですが、理性に従い禁欲的に生きることを推奨する実践哲学でもありました。セネカは、このストア派の教えに従い、激動の政治生活のなかに身を投げ入れ、その苦難に耐え、そして理不尽な死を受け入れたのです。

本書は、セネカによって執筆された三篇の作品を収録しています。できるだけ、セネカの人と思想に多面的に触れることができるように、人生哲学について論じられた二つの作品のほかに、彼の最大の危機であった追放の時期に、流刑地から母に当てて綴った手紙『母ヘルウィアへのなぐさめ』を収録しました。これらの作品は、いずれもセネカの代表作とみなされている傑作であり、これらを通して、われわれは、セネカの哲学のエッセンスだけでなく、彼の人生観や人柄にもふれることができるでしょう。

人生の短さについて　他2篇

人生の短さについて

本作は、パウリヌスという人物に宛てて綴られています。この人物は、セネカの妻パウリナの近親者と考えられ、一説には、父親ともいわれています。パウリヌスは、当時、ローマ帝国の食料管理官の任にありました。国家の食糧供給をつかさどるこの食料管理官は、きわめて責任の重い重職であり、多忙を極める仕事でした。本作でセネカは、パウリヌスに対して、この多忙な職から身を引き、閑暇な生活を送るように勧めています。

セネカによれば、多忙は人間から有意味な時間を奪い、人生を浪費させて、短くしてしまいます。われわれは人生が短いと嘆きますが、それは、われわれが時間の無駄使いをしているからにほかなりません。多忙な生活から離れ、時間を有効に活用するすべを知ることによって、われわれは人生を長くすることができるのです。本作では、このような人生の短さという問題をめぐり、さまざまな話題が自在に論じられていきます。その言葉は、多忙な時代に生きるわれわれ現代人にとっても、重要なメッセージといえるでしょう。

人生は使い方しだいで長くなる。なのに、ひとはそれを浪費して短くしてしまう

1.1

パウリヌスさん、大部分の人間は、自然の悪意を嘆いて、こう言っている――われわれが生きられる期間は、とても短い。しかも、われわれに与えられる時間は、あっというまに、すばやく過ぎ去っていく。だから、ごく少数の例外はあるとしても、それ以外の大多数の人は、人生を生きるための備えも整わないうちに、人生から見捨てられてしまうではないかと。

ひとはそれを万人に共通の災厄だと信じているのだが、そのような災厄を嘆いているのは、なにも民衆とか無知な大衆といった人たちばかりではない。著名な人たちですら、そのような気持ちから、嘆きの言葉を述べているのだ。

最も偉大な医師[1]が、「人生は短く、技術は長い[2]」という、あの格言を述べているの

1 紀元前五世紀の古代ギリシャの医師ヒポクラテスのこと。

1.2 も、そのためである。また、アリストテレス[3]が自然を非難し、学者らしからぬ告発をおこなっているのも、そのためなのだ。すなわち、彼はこう述べているのである。
「自然は、動物には、これほど長い寿命を気前よく授け、人間の五倍も十倍も長く生きられるようにした。ところが人間は、たくさんの偉大な仕事をなしとげる力を持って生まれてくるというのに、それよりもずっと短い期間しか生きられない」[4]

※

1.3 だが、われわれが手にしている時間は、決して短くはない。むしろ、われわれが、たくさんの時間を浪費しているのだ。
じっさい、ひとの生は十分に長い。そして、偉大な仕事をなしとげるに足る時間が、惜しみなく与えられているのである。ただし、それは、人生全体が有効に活用されるならの話だ。人生が贅沢三昧や怠惰の中に消え去り、どんな有用なことのためにも費やされなければどうなるか。ついに一生が終わり、死なねばならぬときになって、われわれは気づくことになるのだ——人生は過ぎ去ってしまうものなのに、そんなことも知らぬまに、人生が終わってしまったと。

1.4
つまり、そういうことなのだよ。われわれは、短い人生を授かったのではない。われわれが、人生を短くしているのだ。われわれは、人生に不足などしていない。われわれが、人生を浪費しているのだ。

ばく大な王家の財産も、それを手にした持ち主が無能なら、あっというまに消え去ってしまう。だが、どれほどささやかな財産でも、有能な管理人の手に委ねられれば、上手に運用されて増えていく。これと同じように、われわれの生涯も、それをうまく管理できる人にとっては、大きく広がっていくものなのである。

2.1
どうして、われわれは、自然に対して不平をもらすのだろう。自然は恵み深いではないか。人生は、使い方を知れば、長いのだから。

※

2 ヒポクラテス『箴言』の冒頭にある文章。人生は短いが、医術の習得には長い時間が必要だという意味。

3 古代ギリシャの哲学者（紀元前四世紀）。

4 この言葉は、実際には、アリストテレスの弟子のテオフラストスのものと考えられる。

それなのに、ある者は飽くことなき貪欲にとりつかれ、ある者は無益な仕事に懸命に汗を流す。ある者は酒びたりとなり、ある者は怠惰にふける。ある者は政治への野心を抱くが、他人の意見にふりまわされ続けて、疲れ果てる。ある者は、商売でもうけたい一心で、あらゆる土地とあらゆる海を、大もうけの夢を見ながら渡り歩く。ある者たちは、戦《いくさ》をしたくてうずうずしている。そして、四六時中、他人を危ない目にあわせようと画策したり、自分が危ない目にあうのではないかと心配したりしている。また、感謝もされないのに偉い人たちにおもねり、自分からすすんで奴隷のように奉仕して、身をすり減らす者たちもいる。

2.2 多くの人たちは、他人の幸運につけ込んだり、自分の不運を嘆いたりすることで頭がいっぱいだ。また、大多数の人たちは、確固とした目的を持っていない。彼らは不安定で、一貫性がなく、移り気だ。だから、彼らは気まぐれに、次から次に新しい計画に手をつけるのだ。自分の進むべき道について、なんの考えも持ちあわせない人たちもいる。彼らは、ぼんやりとあくびをしているうちに、運命の不意打ちをくらう。まったくもって、最も偉大な詩人[5]の述べる神のお告げめいた言葉が、真実であることに疑いの余地はない。いわく、「われらが生きているのは、人生のごくわずかの部分なり」と。なるほど、残りの部分はすべて、生きているとはいえず、たんに時が過ぎているだけだ。

※

2.3 さまざまな悪徳が、いたるところから人間たちに迫り、彼らを取り囲む。悪徳は、彼らが再び立ち上がり、目を上げて真実を知ることを許してくれない。それどころか、悪徳は彼らを飲み込み、欲望のくびきに縛りつけ、押さえつける。彼らはもはや、二度とほんとうの自分を取り戻せないのだ。たまたま、安らかな時間が訪れるときもあるだろう。しかし、嵐のあとでも、深海では海水の動揺が続くように、彼らは揺さぶられ続け、決して自分の欲望から解放されることはないのである。

2.4 あなたは、わたしが、だれの目にもろくでなしに映る人々の話をしているとでもお思いか。ならば、財産めあてに、大勢の人々に押しかけられる者たちを見るがいい。

5 通常は、古代ギリシャの詩人ホメロスか、古代ローマの詩人ウェルギリウスを指すが、以下の言葉の出典は不明。

彼らだって、みずからの善きものによって、首を絞められているではないか。

どれだけたくさんの人たちが、富を重荷と感じていることだろう。

どれだけたくさんの人たちが、血を吐くような思いをしながら、雄弁を振るい、自分の才能の誇示に日々懸命になっていることだろう。

どれだけたくさんの人たちが、たえまなく快楽にふけり、「精力を奪われて」青ざめた顔をしていることだろう。

どれだけたくさんの人たちが、手下の群れに取り囲まれ、[6]すっかり自由を奪われてしまっていることだろう。

ようするに、これらすべての人たちを、最も下流の層から、最も上流の層にいたるまで、見渡してみたまえ。［法廷の風景になぞらえるなら、］弁護を求める者がいる。弁護を引き受ける者がいる。被告席に立つ者がいる。被告人を弁護する者がいる。そして、裁く者がいる。だが、自分自身を所有する権利を主張する者は、だれもいない。だれもが、ほかのだれかのために、使いつぶされているのだ。

有力者たちが名前を覚えてもらえる理由を、問うてみるがいい。あなたは気づくことだろう。彼らが特別な存在であるのは、次のような事情によるのだ——あの人は、あの人のことばかり気にかける。この人は、あの人のことばかり気にかける。そして、だれひとり、自分のことは気にもかけない。

※

2.5 それだけではない。一部の人々の口にする憤慨の言葉は、じつに愚かしいものだ。すなわち彼らは、偉い人たちの態度が傲慢だと不平をもらして、こう言うのである――「お会いしたいとお願いしているのに、時間がないといって、とりあってくれないなんて！」

だが、たとえだれであれ、自分自身のために費やす時間も持たぬくせに、他人が尊大だと不平をもらす資格があるのか。しかも、そのおかたは、たしかに横柄な顔はしていたかもしれないが、かつておまえに――おまえが何様かは知らぬが――目をかけ

6　古代ローマ社会には、有力者が下層市民と一種の主従関係を結ぶ社会的風習があった。有力者は、手下の下層市民（クリエンス）を保護・援助する義務を負い、クリエンスは、サルタチオ（早朝に有力者の家に出向いて、ごきげん伺いのあいさつをすることで、伺候《しこう》とも言われる）、外出の随行、選挙の応援などの様々な奉仕の義務を負った。

てくれたではないか。そのおかたは、おまえの言葉に、みずから耳を傾けてくれたではないか。そのおかたは、おまえを自分のそばに置いてくれたではないか。ところが、おまえときたら、自己に目を向けようとしたこともなければ、自己の声に耳を傾けようとしたこともない。だから、おまえがそのような義務を、他人に押し付けてよい理由などないのだ。じっさい、おまえがそんなことをしたのは、他者と共にありたかったがゆえではなく、自己と共にあることに耐えられなかったがゆえなのだから。

※

たしかに、かつて世に現れた輝く才能の持ち主たちも、みな、このひとつの主題を追求している。だが、人間の心に巣食う暗愚に対する彼らの驚きは、まだ十分なものとはいえないのだ。

ひとは、自分の土地が他人に占拠されることを許さない。土地の境界線をめぐるいさかいが起これば、それがいかに些細なものであっても、石や武器を手にして争おうとする。それなのに、ひとは、自分の人生の中に他人が侵入してきても、気にもしない。いな、それどころか、いずれは自分の人生を乗っ取ってしまうようなやからを、みずから招き入れるようなまねさえするのである。

自分の金銭を他人に分け与えようとする者など、どこを探しても見あたらない。なのに、だれもかれもが、なんとたくさんの人たちに、自分の人生を分け与えてしまうことか。ひとは、自分の財産を管理するときには倹約家だ。ところが、時間を使うときになると、とたんに浪費家に変貌してしまう——けちであることをほめてもらえるのは、唯一このときだけだというのに。

そういうわけで、わたしは、老人たちの中から、だれかをつかまえて、こう言ってやりたいのだ。

「あなたは、ひとの一生の最後の段階に達しているようにみえます。あなたは、すでに百歳に近い。いや、それ以上のお歳でしょうか。さあ、それでは総決算をしますから、あなたの生涯をここに呼び出してください。では、計算してください。あなたの生涯から、債権者によって奪われた時間は、どれだけですか。愛人によって奪われた時間は、どれだけですか。主人によって奪われた時間は、どれだけですか。手下によって奪われた時間は、どれだけですか。夫婦喧嘩によって奪われた時間は、どれだけですか。奴隷の懲罰のために奪われた時間は、どれだけですか。つとめを果たすために、街中を歩き回って奪われた時間は、どれだけですか。では、次に、みずからの手で招いた病気［のために失われた時間］を加えてください。さらに、使われることなく無駄に過ぎていった時間も加えてください。——もうおわかりでしょう。あなたの手元に残る年月は、いま足し合わせていった［失われた］年月よりも短いのですよ。記憶を呼び起こしてください。あなたがしっかりした計画を立てたことが、いつありましたか。あなたの決めた通りに事が進んだ日は、どれほどわずかでしたか。自分を自由に使えたことが、いつありましたか。あなたの普段どおりの顔つきでいられたことが、いつありましたか。あなたの心がおびえずにいたことが、いつありましたか。これほど長い生涯をかけて、あなたがなしとげた仕事は何ですか。どれほどたくさんの人たちが、あなたの人生を略奪していったことでしょう。しかもそのとき、あなたは、自分が何を失っているかに気づいていなかったのです。いわれのない悲しみや、愚にもつかない喜びや、飽くことのない欲望や、甘い社交の誘惑が、どれだけの時間を奪っていったでしょうか。あなたに残された時間は、どれほどわずかでしょうか。——もうおわかりでしょう。あなたは、人生を十分に生きることなく、死んでいくのです」

3.3

※

3.4 いったい、どうしてこんなことになってしまうのだろう。それは、あなたたちが、まるで永遠に生きられるかのように生きているからだ。あなたたちが、自分のもろさにいつまでも気づかないからだ。あなたたちが、どれだけたくさんの時間が過ぎてしまったかを、気にもとめないからだ。あなたたちが、まるで豊かにあふれる泉から湧いてくるかのように、時間を無駄使いしているからだ。たぶん、そんなことをしているうちに、あなたたちの最後の日となる、まさにその日がやってくるのだろう――まあその日だって、「自分のためでなく」別のだれかや、別の用事のために使われているわけだがね。

あなたたちは、どんなことでも、死すべき人間のように恐れる。そのくせ、どんなことでも、不死なる神のように欲するのだ。

3.5 あなたは、たくさんの人たちが、こう言っているのを耳にするだろう――五十を過ぎたら仕事を引退しよう。六十になれば、公の役目からも解放されることだろうと。だが、あなたがそんなに長生きする保証が、どこにあるというのか。あなたの思い通りに計画が進むことを、だれが許したというのか。人生の残りかすを自分のために取っておき、善き精神的活動のために、もうなんの仕事もできなくなった時間しかあてがわないなんて、恥ずかしいとは思わないのか。生きることをやめなければならないときに、生きることを始めるとは、遅すぎるではないか。

自分が死すべき存在だということを忘れ、五十や六十という歳になるまで賢明な計画を先延ばしにし、わずかな人たちしか達することのない年齢になってから人生を始めようとするとは、どこまで愚かなのか。

閑暇を希求した三人の人物の話

強大な権力を持ち、高い地位に登りつめた人たちが、なにやらつぶやいている姿を、あなたは目にすることだろう――彼らは閑暇を願い求め、ほめたたえ、自分の持つどんな善よりもすばらしいと言っているのだ。ときに彼らは、危険な目にあう心配さえなければ、自分のこの高い地位から降りてしまいたいと、強く願うことがある。なにしろ、幸運というものは、たとえ、外側から襲われたり、揺さぶられたりしなくても、[内側から]ひとりでに崩れ去っていくものなのだから。

※

4.2 だれよりも神々に祝福された神君アウグストゥス[7]は、休息を願い、国政からの解放を求めてやまなかった。ひととなにを話していても、いつも話題は、暇が欲しいというところに帰っていくのであった。いつかは自分のために生きるときが来るのだという、甘美ななぐさめがあればこそ、彼はその労苦に耐えることができたのだ――たとえ、それが偽りのなぐさめであったとしても。

4.3 彼は、元老院に一通の手紙を送った。彼はそこで、自分が休みをもらえたら、威厳を欠く過ごし方も、自分のこれまでの栄誉を裏切るような過ごし方もしないと約束している。その中に、わたしはこんな言葉を見つけた。

「もっとも、いま申し上げたようなことは、言葉で約束するよりも、実行することによってこそ、立派に示すことができるものです。ですが、そうはいっても、それが実現し、喜びが得られるのは、まだ遠い先の話です。ですからわたしは、最も願わし

7 ローマ帝国の初代皇帝（紀元前一世紀）。神君とは、死後に神格化された皇帝の称号のこと。

い時間を強く欲するあまり、甘美な言葉によって、いくばくかの楽しみを先取りしているというわけなのです」

4.4 彼には、閑暇がとてもすばらしいものに見えた。だからこそ彼は、それを現実に楽しむことが叶わぬとき、想像によって先取りして楽しんだのである。彼は、すべてが自分ひとりの意のままになると知っていた人だ。人々と国々の運命を決めた人だ。その彼が、最も喜びに満たされていたのは、みずからの偉大さを捨て去るその日のことを、思い描くときだったのである。

4.5 彼は、身をもって知っていた——国土全体に輝きわたるあの［皇帝の威光という］恵みを手にするために、どれだけの汗が流されたかを。そして、その恵みの影に、どれだけ多くの不安のたねが隠されていたかを。すなわち彼は、まずは同じ国の人たち[8]と、次には［政治の］仲間[9]と、そしてついには親戚[10]とまで、武器を手にして戦わざるをえなくなり、海に陸に、血を流したのだ。

彼は、マケドニア、シケリア、エジプト、シリア、アジアなど、ほぼすべての土地をめぐって、戦いをくり広げた。そして、彼の軍隊が［内戦で］ローマ人を殺すことに疲れると、彼はそれを外国との戦いに向かわせた。彼はアルプス地方を平定し、平和な帝国の中にまぎれ込んでいた敵たちを征服した。[11] さらに、ライン川や、ユーフラテス川や、ドナウ川を越えた地域にまで国境を広げていった。しかし、そうしている間にも、都では、ムレナ、カエピオ、レピドゥス、エグナティウス[12]などが、彼の命をつけねらって剣を研ぎ澄ましていたのである。

しかも、まだ彼らの陰謀を逃れてはいないというのに、彼の娘［ユリア］は、たくさんの高貴な青年たちと姦通し、まるで誓約したかのように固く結ばれて、もう老いて衰えた皇帝を脅かした。[13] とりわけ、ユッルスは脅威であった——恐るべき女が、ふたたびアントニウスと手を結んだのだから。[14]

8 内戦の時代に戦ったローマ人たちのこと。
9 アウグストゥスの盟友だったアントニウスとレピドゥスのこと。
10 アウグストゥスの義理の弟アントニウスや、親戚の政治家ポンペイウスのこと。
11 おそらく、アウグストゥスによる、帝国周縁の紛争地域の征服のことを言っているのであろう。
12 いずれも、アウグストゥスに対する反逆を企てた陰謀家たち。
13 アウグストゥスの娘ユリアは多くの愛人を作り、父への陰謀に関与したため、流刑にされた。

4.6

そんなはれものを、彼は、四肢の肉もろとも切り捨てていった。だが、新しいはれものが、次から次に生じてきた。それはまるで、血液過多になった身体が、たえずどこかの部位から出血しているような状態であった。[15]

以上のようなわけで、皇帝は閑暇を願い求めていたのである。彼は、閑暇を希求し、想像することによって、その労苦の慰めを得ていたのだ。そして、それこそが、人の願いを叶えてやることのできた人の願いであった。

※

マルクス・キケロ[16]は、カティリナ[17]やクロディウス[18]、さらには、ポンペイウス[19]やクラッスス[20]といった面々の中に投げ込まれた。彼らのある者は公然たる敵であり、ある者は信頼のおけぬ友であった。彼は、国家を襲う嵐の中に投げ出され、沈もうとする国家を支えたが、結局は荒波に飲まれてしまった。[21]彼は、順境に安らぐことも、逆境に耐えることもできなかった。彼は、自分があの執政官[22]の職に就いたことを自慢した——わからなくもないが、やりすぎといえるほどに。ところが彼は、そのことを、何度も呪うことになったのだ。

キケロは、アッティクスに宛てた一通の手紙の中で、なんと情けない言葉をもらしていることだろう。（それは、父親のポンペイウスはすでに敗れ去ったが、息子のポ[23]

5.2

14　ユッルス・アントニウスはアウグストゥスの盟友アントニウスの息子。ユリアと結託し、陰謀を企てて有罪となった。父のアントニウスは、恐るべき女（クレオパトラ）と手を結んで、アウグストゥスの脅威となったが、息子のアントニウスもまた、恐るべき女（ユリア）と手を結んで脅威となったという意味。

15　当時の医学には、体内の血液が過多状態になると病気になるという考え方があった。

16　ローマの政治家・弁論家・哲学者（紀元前一世紀）。

17　ローマの政治家。国家転覆を企てたが、キケロに弾劾され、処刑された。

18　ローマの政治家。キケロに恨みを抱き、その失脚を企てた。

19　ローマの将軍・政治家で、カエサルの盟友。後に彼がカエサルと争ったとき、キケロはポンペイウス側についた。

20　ローマの政治家で、カエサルの盟友。

21　キケロは、カティリナを弾劾して国家を転覆の危機から救ったが、その後、弾劾裁判での越権行為を指弾されて追放され、その後は政治での存在感を失った。

22　執政官とは、共和制ローマにおける最高位の官職で、内政と軍事の最高責任者。

23　ローマの文化人で、キケロの親友。

ンペイウスは、崩壊した軍の立て直しを、ヒスパニアで図っていたころの話である。）[24]

彼は、こう述べている。「わたしがここで何をしているのかとお尋ねですか。トゥスクルムの自分の別荘に滞在しています――半分だけ自由の身でね[25]」。そして彼は、この言葉に続けて、過去の歳月を嘆き、現在に不満をもらし、未来に絶望している。
キケロは、自分を「半分だけ自由」だと言った。だが、いうまでもなく、賢者なら[26]、 5.3
決して、こんな卑屈な言葉は使わないであろう。賢者は、決して、「半分だけ自由」であることはない。賢者は、つねに、揺らぐことのない真実の自由を持ち、なにものにも縛られず、自分自身の主人なのである。そして、賢者は、すべてを越えた高みにいるのだ。じっさい、運命を超越した人間の上に、何がありうるというのだろうか。

※

精力的で実行力に満ちたリウィウス・ドルススは、イタリア全土の民衆の支持を受 6.1
けて［扇動的な］新しい法案を提出し、［急進的手法で社会を混乱させた］グラックス兄弟の悪しき政策を推進しようとした[27]。ところが、法案成立の見通しが立たなくなり、政策を実行することができなくなってしまった。しかし、かといって、ひとたび着手した政策を、放棄してしまうわけにもいかなかった。そのとき彼は、自分の人生がその出発点から波乱に満ちていたことを呪い、子どもの頃ですら心の休まる日がなかったのは、自分くらいのものだと言ったそうだ。

じっさい、彼は、まだ後見人の保護下に置かれていた［十五、六歳の］未成年者のころから、[28]裁判官の前で被告人を果敢に弁護し、法廷で強い力を持った。その弁護はとても効果的だったので、彼がいくつかの裁判で勝訴をもぎ取ったことは周知の事

24 ポンペイウスは、カエサルとの争いに敗れ、逃亡先のエジプトで殺害された。その後、息子のグナエウス・ポンペイウスは、残された軍を率いてヒスパニアに逃れ、抵抗を続けた。
25 ポンペイウスが敗れた後、キケロはカエサルに赦されたが、その後しばらくは政治の表舞台から離れ、ローマ近郊のトゥスクルムにあった自分の別荘などで著述活動をおこなった。
26 賢者（サピエンス）とは、完全な徳を持った人間のことで、ストア派の理想。
27 リウィウス・ドルススは、ローマの政治家（紀元前一世紀）。グラックス兄弟は、兄ティベリウスと弟ガイウスの政治家の兄弟（紀元前二世紀）で、農民を保護する改革政策を実施した。ドルススは、これを引き継ぎ、イタリアの同盟市の市民にローマ市民権を与える法案を通そうとしたが、失敗した。
28 ドルススは、父が早くに亡くなったため、成人するまで後見人の保護を受けていた。

実だ。

6.2 かくも早熟な野心を、どうやったら制御できるというのだろう。あなたにも分かるだろうが、そんな未熟な大胆さは、結局は、個人にも国家にも、大いなる災いを招くのだ。そういうわけで、未成年者のころから手に負えない法廷の厄介者であった彼が、自分には心の休まる日がなかったと嘆いてみたところで、すでに手遅れなのである。彼が、〔そんな自分に絶望して〕みずからの手で命を絶ったという点については、議論の余地がある。というのも、彼は〔暗殺者によって〕いきなり内腿を切りつけられ、その後、ほどなくして亡くなったからだ。だから、彼の死が自発的なものであったことを疑う者もいる。だが、それが絶好の機会に訪れたことを疑う者は、ひとりもいないのだ。

※

6.3 このような人たちについて、もうこれ以上語る必要はないだろう。彼らは、他人の目にはとても幸福に映る。だが、当人たちは、自分自身を告発する真実の証言を述べたのだ。なにしろ、彼らは、自分が人生で為したことすべてを呪っていたのだから。

ところが、これらの人たちは、その嘆きによって、他人を変えることはおろか、自分を変えることすらできなかった。なにしろ、言いたいだけぶちまけると、またいつもの気持ちに戻ってしまうのだから。

まことに、あなたたちの人生は、たとえそれが千年を越える長きにわたったとしても、［浪費によって］最短の期間に短縮されてしまうであろう。あなたたちの悪徳が、すべての世紀を食らいつくすのだ。

時間は、自然のままに放っておけば、すぐに過ぎ去っていく。たしかに、理性を使えば、時間を長くすることはできる。しかし、あなたたちのもとからは、時間がすばやく逃げ去っていくことは避けられないのだ。じっさい、あなたたちは、時間をしっかりとつかみ取りもしないし、それを引きとめもしない。時間は、あらゆるものの中で最もすばやいものなのに、その速度を遅らせようともしない。それどころか、時間がまるで無尽蔵の資源で、いくらでも湧いて出てくるかのように、過ぎ去っていくにまかせているのだから。

6.4

多忙な人間は、どのように人生を浪費しているか

7.1 ここで、最悪の事例の一つとして、酒と性に関することにしか時間を使おうとしない連中にふれておきたい。なぜなら、これほど恥ずべき時間の使い方をしている者はいないからだ。それに比べれば、ほかの人々は、たとえ栄光という空しい幻想の虜になっているような場合であっても、そのあやまちは見苦しいものではない。なんなら、強欲な人とか、短気な人とか、あるいは正当性のない怨恨や争いごとに固執している人などを挙げてもらってもかまわない。これらの人たちも、みな間違いを犯してはいるが、まだしも男らしいではないか。これに対して、食欲や性欲にふける連中のふるまいは、唾棄すべき恥辱でしかないのだ。

7.2 このような人たちが、どんな時間の過ごし方をしているか、余すところなく観察してみるといい。みたまえ。彼らが、どれだけ長い間、銭勘定をしているか。どれだけ長い間、悪だくみをしているか。どれだけ長い間、心配ごとをしているか。どれだけ長い間、ご機嫌とりをしているか。どれだけ長い間、ご機嫌とりをされているか。どれだけ長い間、裁判で訴えたり、訴えられたりしているか。どれだけ長い間、宴会を

しているか——いまや、宴会に出ることが仕事になってしまっているではないか。こうしたことが、よいことなのか悪いことなのかは問わないとしても、彼らが息をする余裕もないほどだということは、あなたにもお分かりであろう。

7.3 ようするに、だれもが認めるとおり、多忙な人間は、なにごとも十分になしとげることができない。弁論においてもそうだし、学芸においてもそうだ。じっさい、「忙しさで」心が散漫になると、なにごとも深く受け入れることができなくなる。そして、すべてのものを、むりやり押し込まれたかのように、吐き出してしまうのである。

生きるということから最も遠く離れているのが、多忙な人間だ。生きることを知るのは、なによりも難しいことなのだ。ほかの技術の教師なら、どこにでもたくさんいる。なかには、年端もいかぬ子どもが習得してしまい、それを教えられるまでになった技術さえ目にする。しかし、生きることは、生涯をかけて学ばなければならないのだ。さらにいえば——あなたはいっそう驚くことだろう——死ぬことも、生涯をかけて学ばなければならないことなのだ。

7.4 あれほど数多くの偉大な人物が、すべての邪魔ものを捨て去り、財産も地位も快楽も投げうって、生きることを知るというただひとつの目的を、人生の終わりまで追求し続けた。にもかかわらず、彼らの多くは、自分はいまだそれを知らないと告白して、人生を去っていったのだ。だから、ましてや、あの多忙な人たちが、それを知ることなどないのである。

7.5 いいかね。人間の誤りを乗り越えた偉大な人物は、自分の時間から、なにひとつ取り去られることを許さない。それゆえ、彼の人生はきわめて長いのである。なぜなら、彼は、自分の自由になる時間が長かろうが短かろうが、それをすべて自分のためだけに使うからだ。彼の時間が使われずに眠っていることなどなかったし、他人に支配されることもなかった。なぜなら、彼は、自分の時間と交換できるほど価値のあるものなど、なにひとつ見出さなかったからだ。彼は、とてもけちな、自分の時間の守り手なのである。だから、彼には十分な時間があったわけだ。これに対して、あの多忙な人たちに時間がないのは当然のことだ――人々の群れが、彼らの人生から、たくさんの時間を奪い去っていったのだから。

※

7.6 そんな多忙な人たちも、ときには自分の損害に気がつくこともあると考えてよい。

大きな成功を収めたものの、それが重荷になっているたくさんの人たちの叫びを、あなたはきっと耳にすることだろう。彼らは、手下の群れに取り囲まれながら、あるいは、法廷での弁論といった、社会的評価は高いが骨の折れる仕事をしながら、ときおり、こう叫ぶのだ。「わたしは、生きることを許されていない」と。——もちろん、許されるはずがなかろう。あなたを呼び寄せるすべての人たちが、あなたを、あなた自身から引き離してしまうのだから。

あの被告人は、どれだけの日々を奪っていっただろう。官職に立候補したあの人物は、どれだけの日々を奪っていっただろう。遺産相続人たちを埋葬するのに疲れたあの老婆[29]は、どれだけの日々を奪っていっただろう。病気のふりをして、遺産をつけねらう人たちの欲をかきたてようとするあの人物[30]は、どれだけの日々を奪っていっただろう。あの友人の有力者——もっとも、彼があなたたちと付き合っているのは、友情

29 財産をつけねらう人たちに長年つきまとわれ続けた金持ちの老婆の意。
30 病気で死にそうだとみせかけ、財産をつけねらう人々をおびき寄せて、逆に彼らを利用しようとする人物の意。

ゆえではなく、自分の力を誇示するためなのだが——は、どれだけの日々を奪っていっただろう。

わたしはこう言いたいのだ。あなたの人生の日々を監査してみなさい。そして、査定してみなさいと。そうすれば、あなたは見出すことだろう。あなたの手元に残る日々は、ほんのわずかな残りかすにすぎないのだということを。

7.8 あの人物は、ずっと待ち望んでいた高官の徽章《きしょう》を手に入れた。しかし、今は、それを捨て去りたいと願い、口癖のように言っている。「いつになったら、「任期である」今年が終わるのか」と。

あの人物は、「競技や演劇などの」公共の催事を運営している。彼は、その役職が与えられることを、たいへんな栄誉だと思っていた。しかし、今、彼はこう言っている。「いつになったら、こんな役目から逃れられるのか」と。

あの人物は、いたるところから引く手あまたの人気弁護士で、声も届かぬほど遠くまで聴衆であふれかえる。しかし、彼はこう言っている。「いつになったら休めるのか」と。

ひとはだれしも、未来への希望と、現在への嫌悪につき動かされながら、自分の人生を生き急ぐのだ。

7.9 しかし、すべての時間を自分のためだけに使う人、毎日を人生最後の日のように生きる人は、明日を待ち望むことも、明日を恐れることもない。というのも、［未来の］ひとときが、彼にどんな新しい楽しみを与えうるというのか。彼は、すべてを知りつくし、すべてを十分に味わっているのだ。

それ以外の［未来の］ことは、運命の思いどおりにさせてやればよい。すでに彼の人生は安全なのだ。そのような人生には、なにかを付け加えることはできても、なにかを取り去ることはできないのだから。（もっとも、なにかを付け加えるといっても、すでに腹いっぱいで満足した人に、食べたくはないが腹に入れることはできるくらいの食べ物を与える程度なのだが。）

7.10 そのようなわけで、ある人の髪の毛が白いとか、顔にしわが寄っているからといって、その人が長く生きてきたと認める理由にはならない。その人は、長く生きていたのではない。たんに長く存在していただけなのだ。

ある人が、港を出たとたんに、激しい嵐に襲われたとしよう。彼は、あちらへこちらへと流されていった。そして、荒れ狂う風が四方八方から吹きつけ、同じところをくるくる引き回された。さて、どうだろう。あなたは、その人が長く航海していたとみなすだろうか。いな、その人は長く航海していたのではない。たんに長くふりまわされていただけなのだ。

※

8.1 わたしはいつも驚いて見ているのだが、だれかが時間をくださいとお願いすると、求められたほうは、いとも簡単に与えてしまう。どちらも、時間が求められた理由は気にするくせに、時間そのもののことは気にしない。時間は、どうでもいいもののように求められ、どうでもいいもののように与えられる。あらゆるものの中で最も高価なものを、もてあそんでいるのだ。彼らがそんな間違いを犯すのは、時間が形を持たず、目に見えないからだ。だから、時間はとても安く見積もられている。いな、それどころか、ほぼ無価値なものとされているのだ。

8.2 年金や恩賜であれば、人々は喜んで受け取る。そのためには、自分から働きかけ、骨を折り、努力する。それなのに、時間を高く評価する者はだれもいない。人々は時間を、まるで無料のものであるかのように惜しげもなく使う。だが、その同じ人たちの近くに、〔病気による〕死の危機が迫ったらどうなるだろうか。あなたは、彼らが医者の膝にすがりつく姿を見ることであろう。それでは、死刑にされる恐れが生じたらどうなるだろうか。あなたは、彼らが全財産を投げ打ってでも生きながらえようとする姿を見ることであろう。彼らの中には、こんなにも矛盾した感情が潜んでいるのだ。

8.3
　われわれは、それぞれが生きてきた過去の年月を数え上げることができるが、それと同じように、それぞれに残された未来の年月も数え上げることができるとしよう。そのとき、自分にはわずかな年月しか残されていないと知った者は、どれほど恐れおののくことだろう。そして、残された年月を、どれだけ惜しむことだろう。

　手の中にあることが確実なものなら、それがいかにわずかでも、やりくりするのはたやすい。しかし、いつ尽きるともしれないものは、より慎重に守らなければならないのである。

8.4
　とはいえ、時間が大切なものであることを、彼らがまったく分かっていないとまで言うつもりはない。じっさい、彼らは最愛のひとたちに向かって、よく言うではないか――自分の人生の年月の一部を、喜んで捧げようと。そして、彼らは本当に捧げてしまう。しかし、彼らは分かっていない。捧げても、相手の人生の年月が増えるわけもなく、たんに自分の年月を減らしているだけなのだ。ところが、自分の年月を減らしているという、まさにそのことが、彼らには分からないのだ。だからこそ、彼らは損失を受けても平然としている——そもそも損失に気づかないのだから。

8.5 だれも、「失われた」年月を返してはくれないだろう。だれも、あなたを再び、あなた自身のもとに帰してはくれないだろう。人生は、出発した道を走り続け、その道を引き返すことも、途中で立ち止まることもない。それはまったく音をたてず、だれもその速さに気づかない。人生は静かに流れていく。王が命令しようが、民が賛成しようが、人生が長くなることはない。人生は、最初の日に出発したときと同じ歩調で走り続けていくだろう。わき道にそれることも、遅れることもないのだ。

それで、結局どうなるだろう。あなたは多忙で時間を空けることができない。人生は急いで走り去る。そうこうしている間に、死がやってくるだろう。あなたは、いやがおうでも、死のために時間を空けてやらねばならない。

人生を長くする時間の使い方——未来に頼らず、現在を逃さず、過去と向き合う

9.1 先見の明があると自惚れている人たちの意見くらい、信用できないものがあろうか。

彼らは、よりよく生きられるようにと、多忙をきわめている。生を築こうとして、生を使い果たしてしまう。彼らは、遠い将来のことを考えて計画を立てる。ところが、先延ばしは、人生の最大の損失なのだ。先延ばしは、次から次に、日々を奪い去っていく。それは、未来を担保にして、今このときを奪い取るのだ。生きるうえでの最大の障害は期待である。期待は明日にすがりつき、今日を滅ぼすからだ。あなたは、運命の手の中にあるものを計画し、自分の手の中にあるものを取り逃がしてしまう。あなたは、どこを見ているのか。あなたは、どこを目指しているのか。これからやってくることは、みな不確かではないか。今すぐ生きなさい。

みよ、最も偉大な詩人が叫んでいる。彼は、まるで神の言葉を吹き込まれたかのように、救いの詩《うた》をうたっている。

　哀れな死すべき人間にとって、人生最良の日は、まっさきに逃げていく。[31]

31　ウェルギリウス『農耕詩』三・六六―六七行。

詩人はこう言っているのだ。「なぜ、あなたはぐずぐずしているのか。なぜ、あなたは手をこまねいているのか。つかまえなければ、逃げていってしまうぞ」と。いや、たとえつかまえたとしても、それでも逃げていくことだろう。だからこそ、時間の速さに対しては、それを使う速さで対抗し、すばやく汲み取らなければならないのだ――つねに流れているとは限らない奔流の水を汲み取るときのように。

9.3 また詩人は、「最良の季節」とは言わずに、「最良の日」と言っている。この言葉は、いつまでもぐずぐずしていることを叱咤するための、きわめて適切な表現といえよう。なぜ、あなたは平然としているのか。時間はこんなにも速く逃げていくのに、どうしてそれを気にしないのか。どうして、あなたの人生の年々を、あなたの欲望の視線のとどくかぎり、どこまでも遠くに延ばしていこうとするのか。詩人はあなたに日――すなわち、逃げ去っていくまさにこの日――の話をしているというのに。

9.4 じっさい、詩人の言葉を疑うことができようか。たしかに、哀れな――すなわち多忙な――死すべき人間にとって、最良の日は、まっさきに逃げていくのだ。

そんな彼らの未熟な心に、老年が、ふいに襲いかかる。彼らは、なんの準備も、なんの防御もなしに、老年に至る。結局、彼らには、先を見る目なんてなかったのだ。

彼らは、気づかないうちに、突然、老人になってしまう。彼らは、一日一日と老年に近づいていた。しかし、そのことに気づかなかったのだ。

9.5 旅人が、会話や、読書や、深いもの思いに耽っていると、目的地に近づいたと知るより前に、到着してしまうことがある。人生という、この休みのない急ぎ足の旅も、それと同じだ。われわれは、起きているときも寝ているときも、この人生という旅を同じ歩調で歩み続けている。しかし、多忙な人々は、終着点に至るまで、そのことに気がつかないのである。

※

10.1 もし、わたしが、「弁論の手法に従って」わたしの主題をいくつかの論点に区分し、それぞれに論証を与えていく方法を望んだとしたら、わたしはたくさんの論証を提示して、多忙な人間の人生はきわめて短いのだということを、彼らに証明してやることだろう。だが、ファビアヌス[32]——彼は今風の講壇哲学者ではなく、昔風の本物の哲学

32 ローマの哲学者で、セネカの師。

者だ——がいつも言っていたように、「情念に対しては、穏健なやりかたではなく、暴力を使って戦わねばならない。小さな攻撃を繰り返すのではなく、一挙に襲撃して、敵の隊列を崩さなければならない。なぜなら、悪徳は、摘み取るのではなく、根絶やしにしなければならないのだから」

とはいえ、彼らは、自分の犯しているあやまちを非難されてしかるべきだ。だから、そのために、われわれは彼らに教えてやらねばならない。たんに、彼らを見捨ててしまえばよいというわけではないのだ。

※

人生は、三つの時に分けられる。過去と、現在と、未来だ。これらのうち、われわれが過ごしている現在は短く、過ごすであろう未来は不確かであり、過ごしてきた過去は確かである。過去が確かであるのは、そこには運命の力が及ばず、だれの自由にもできないからだ。

ところが、そのような過去を見失ってしまうのが、多忙な人たちなのである。なぜなら、彼らには過去をふり返る暇がないし、かりに暇があったとしても、悔やんでい

10.2

ることを思い出すのは不愉快なことだからだ。それゆえ彼らは、うまく行かなかった時間を思い出すのを嫌がり、あえてふり返ろうとはしない。たしかに、今は、なにか楽しいことをすることで、彼らの欠点は、その悦楽の影に隠れているかもしれない。しかし、その時間を思い出せば、欠点は、その姿を明白に現わすのだ。

10.3

　自分のおこないのすべてを、決して欺かれることのない、みずからの良心による検閲にかけてきた人でもないかぎり、よろこんで過去をふりかえる人など、ひとりもいない。たくさんの野心を抱いた者。尊大な態度で人をさげすんだ者。きたないやり方で勝利した者。ずるがしこく人を欺いた者。貪欲に人から奪った者。湯水のように浪費した者。――そのような者は、きまって、みずからの記憶を恐れるのだ。

10.4

　だが、過去というわれわれの時間の部分は、神聖で特別なものだ。それは、人間世界のあらゆる偶然性を超越し、運命の支配がおよばない。欠乏にも、恐怖にも、病気の襲撃にもさらされない。かき乱されることも、奪い去られることもありえない。過去は、なんの心配もなく、永遠に所有することができるのである。現在という時は、一日一日と移り変わり、また一日の中でも、刻一刻と移り変わっていく。これに対して、過去の日々は、あなたが命じれば、すべてが姿を現わすだろう。あなたはそれを、意のままに、眺めることも、引き止めることもできる。だが、多忙な人間には、そんなことをする暇がない。

10.5 安らかで静かな心は、自分の人生のすべての部分を訪ね歩くことができる。これに対して、多忙な人間の心は、まるでくびきをかけられたかのように、振り返って背後を見ることができない。そうして、彼らの人生は、深い闇の中に消えていくのである。どれだけの水を注ぎ入れても、それを受けとめて蓄える容器が下に置かれていなければ、なんにもならない。それと同じように、どれだけたくさんの時間が与えられようと、それをためておくものがなく、ひび割れて穴のあいた心からもれていくなら、なんの意味もないのである。

10.6 現在という時は、きわめて短い。(あまりに短いので、現在は存在しないと思っている人もいるくらいだ。)なぜなら、現在はつねに動いていて、すばやく流れていくからだ。それは、到着する前に消えてしまう。そして、天空や星々と同じように、決して遅れることもない。(天空や星々もまた、休むことなくつねに運動しており、決して同じ場所に留まることはないのだ。)

多忙な人間の関心は、この現在という時にしか向かない。ところが、それはあまりに短いので、つかみ取ることができないのである。そして、そのような現在さえ、たくさんの雑事に気を散らしている彼らからは、奪い去られてしまうのだ。

※

ようするに、あなたは知りたいわけだ。彼らがどれほど長生きしないかを。それなら、みるがいい。彼らがどれほど長生きしたいかを。

よぼよぼの老人たちが、わずかな年月でも命を延ばしたいと、物乞いのように祈願している。彼らは、実際よりも若いふりをする。彼らは、嘘をついて自分におもねる。そして、自分をあざむいて喜ぶ——まるで、運命までも、だませたかのように。

しかし、やがて彼らは、なにかの病気になり、自分も死なねばならぬのだと悟る。そのとき彼らは、どれほどおびえながら死んでいくことだろう。そのさまは、人生の舞台から退場するというより、引きずり降ろされるかのようではないか。

彼らは大声で叫ぶ。きちんと生きてこなかった自分が愚かだった。この病状をなんとか脱したら、閑暇な生を送ろうと。そのときになって、彼らはようやく悟るのだ——今まで、いろいろな準備をしてきたのに、それを享受できない。なんと無駄なことをしてきたのか。今までのすべての苦労は、なんという徒労だったのかと。

11.2 これに対して、あらゆる世俗的な営みから離れて生きる人の人生が、長くないはずがあろうか。その人生からは、なにひとつ奪い取られない。なにひとつ散り散りに分散しない。なにひとつ運命の手に引き渡されない。なにひとつ不注意によって失われない。なにひとつ浪費によって減らない。なにひとつ余計なものはない。いってみれば、人生全体が、もうけになるのだ。

それゆえ、そのような人生は、たとえどんなに短くとも、十分に満ち足りている。だからこそ、賢者は、いつ最後の日が訪れようとも、ためらうことなく、たしかな足どりで、死に向かっていくことであろう。

まがいものの閑暇を生きる人たち

12.1 おそらく、あなたは尋ねるのではないか――わたしが多忙な人と呼ぶのは、どんな人のことなのかと。

あなたは、わたしが言っているのは、次のような人たちのことだと思っているのだろう。たとえば、［夜警に連れられた］番犬がやってくると、ようやく、追い立てられるように法廷から出ていく人たち。あるいは、よく見かける光景だが、自分の手下の群れに、偉そうな様子で囲まれたり、他人の手下の群れに、卑屈な様子で加わったりして、もみくちゃになっている人たち。あるいは、［ごきげん伺いの］つとめを果たすために、自分の家を飛び出して、他人の家の門に突進していく人たち。[33] あるいは、法務官[34]が主催する公営競売で、［転売による］いかがわしい利得――そんなものを手にしても、いずれは膿《う》んでしまい、痛みをもたらすだけなのだが――を手にしようと一生懸命な人たちなどである。しかし、わたしの言っているのは、たんにこうした人たちばかりではないのだ。

すなわち、閑暇のうちにあるときでさえ、多忙な人たちがいるのだ。彼らは、自分の別荘や寝床の中でひとりきりになると、ようやくすべての人から自由になったというのに、今度は自分自身がわずらわしくなるのである。そんな人たちの生活を、閑暇

33　早朝におこなわれるごきげん伺いのあいさつのために、クリエンスたちは夜明け前に自宅を出て、有力者の家に赴いた。門前では、先を争う人々で混雑することが多かった。

34　法務官（プラエトル）とは、古代ローマの政務官職のひとつで、主に司法を司ったが、公営競売の主催もした。

12.2

な生活と呼ぶべきではない。むしろ、怠惰な多忙と呼ぶべきだ。
　あなたは、こんな人を、閑暇な人と呼ぶだろうか。たとえば、コリントス製の青銅
器[35]——それは、少数の収集家の熱狂のおかげで、とても高価だ——を、細心の注意を
払って並べ、さびついた金属をいじりながら、日々の大半を過ごしている人。あるい
は、レスリング場で、若者たちの試合を熱心に見ている人。(なんということだ。わ
れわれが悩まされる悪徳は、ローマの悪徳だけではないのだ。[36])また、体に香油を
塗った、自分が育てている選手たちの群れを、年齢や肌の色で組分けしている人。ま
た、新人選手たちの支援をしている人。
12.3 では、どうだろう。あなたは、理髪店で何時間もすごす伊達男たちを、閑暇な人と
呼ぶだろうか。彼らは、前の晩に生えた毛を抜いてもらったり、髪の毛の一本一本に
ついて相談をしてみたり、髪の乱れを直してもらったり、薄くなった髪を、あちこち
から前のほうに寄せ集めたりしている。理髪師が少しでも不注意なことをしようもの
なら、彼らはどれほど怒ることだろうか。まるで、身を切られたかのようではないか。
彼らの自慢のたてがみが、少しでもまちがって切り落とされたり、少しでも乱れてい
たり、ぜんぶきれいな巻き毛になっていなかったら、彼らはどれくらい激怒すること

だろうか。

こんな連中の中に、自分の髪が乱れないことよりも、自分の国が乱れないことを大事と考える人がいるだろうか。自分の頭がきれいであるかよりも、自分の頭がまともであるかを心配する人がいるだろうか。より格好よくなることよりも、より気高くなることを望む人がいるだろうか。櫛と鏡を手にして忙しいこんな連中を、あなたは閑暇な人と呼ぶだろうか。

では、こんな人たちはどうだろうか。すなわち、歌を作ったり、聞いたり、習うことに夢中になっている人たちだ。そもそも、声というものは、飾りたてずにそのまま出すのが最も優れた簡潔な方法であり、それが自然にかなっている。ところが彼らは、その声に、じつにくだらない抑揚をつけて、ねじ曲げてしまうのだ。彼らの指は、彼らが頭の中で歌う、なにかの歌にあわせて、たえず音を立てている。まじめな用事で

35 コリントスは、青銅器の生産地として有名な古代ギリシャの都市国家。コリントス製の青銅器は、ローマで高い人気があった。

36 レスリングのような、少年愛と結びつきやすいギリシャの運動競技は、ローマでは、男性的でないスポーツとして軽蔑されることも多かった。

呼び出されているときでも——悲しい用事のときでさえ、しばしばそうなのだが——彼らの口ずさむ声が聞こえてくるのだ。こんな人たちが手にしているのは、閑暇ではない。むしろ、無意味な仕事というべきだ。

12.5 いうまでもなく、こんな連中が宴会を開いていても、わたしはそれを閑暇な時間と認めるつもりはない。じっさい、わたしはよく目にするのだ。彼らが、ひやひやしながら、［高価な］銀の食器を並べる姿を。彼らが、お気に入りの召使のトゥニカ[37]を、念入りにたくし上げてやる姿を。料理人がイノシシをどんなふうに調理するだろうかと、やきもきしながら待ちかまえている姿を。ひげをきれいに剃った召使が、合図されてすばやく給仕に向かう姿を。鳥料理が、みごとな手さばきで、適当な分量に切り分けられていく様子を。まだ小さな召使が、かわいそうに、酔客の吐いたつばを丹念にふき取っている姿を。——こんなやり方で、彼らは、品格があるとか、趣味がいいといった評判を手に入れようとする。しかし、そうこうしているうちに、この悪習は、彼らの生活全体に行き渡っていく。彼らは、飲んでいるときも、食べているときも、それを人に見せびらかすようになるのだ。

12.6 さらに、わたしは、こんな連中も閑暇の人とみなすつもりはない。すなわち、セラやレクティカ[38]に乗ってあちこちに出かけ、まるでそれを使わないことを禁じられているかのように、きまった時間になると、外出していく人たちだ。さらには、沐浴や水泳や食事などの決められた時間がくると、だれかに知らせてもらう人たちもそうだ。彼らの心は甘やかされ、とても弱くなっている。だから、彼らは無気力で、空腹かどうかさえ、自分ではわからないのだ。

聞いた話だが、そんな甘やかされた人たちのひとりに、こんなのがいたという。（もっとも、甘やかされるという言葉に、人間の生活習慣を忘れてしまうという含意まであるならの話だが。）すなわち、その人は、［奴隷たちの］腕に担がれて浴室から運び出され、セラの椅子の上に置かれると、こう尋ねたのだそうだ。「わたしはもう座ったか」と。

あなたはどう思うだろうか。この人は、自分が座ったかどうかさえ分からない。そ

37 二枚の布を縫い合わせた膝丈の簡素な衣服で、下着として着用した。
38 セラは、椅子に二本の棒をつないだ移動手段で、二名の担ぎ手で運ぶ。レクティカは、より大掛かりなもので、屋根のついた寝台を複数の担ぎ手で運ぶ。

んな人が、自分が生きているか、自分が見ているか、自分が閑暇であるかを知っていると思うかね。

もっとも、この人が、ほんとうに分からなかったのか、それとも、分からないふりをしていただけなのかについては、なんともいえない。しかし、だとしても、どちらのほうがより悲惨なのかは、容易に答えられない問題だ。

じっさい、この手の連中は、たくさんのことを忘れてしまうばかりでなく、たくさんのことを忘れたふりもする。彼らは、「忘れっぽさのような」なんらかの悪徳を、まるで自分が幸福な証拠であるかのように喜ぶ。というのも、彼らの目には、自分のしていることをきちんと把握している人が、とても卑しく軽蔑すべき人間に映るからだ。

この手の話の多くは、道化役者たちが贅沢を批判するために捏造したものではないか、などとは思わないでほしい。じっさい彼らは、捏造するよりも多くのことを見逃しているのだ。なにしろ昨今は、これだけたくさんの信じがたい悪徳が、次々に生まれてくる時代だ。今の時代は、この「悪徳の創造という」一点において、天才的な時代なのだ。だから、われわれはむしろ、道化役者たちの怠慢を非難してしかるべきなのだよ。――いやはや、自分が座ったかどうかを他人に教えてもらうまでに、甘やかされて駄目になった人間がいようとはね。

12.9 それゆえ、そのような人は、閑暇な人とはいえない。彼には、別の名前をあてがうべきだ。彼は病んでいる。いや、死んでいるのだ。閑暇な人は、自分が閑暇であることを自覚している。ところが、こちらのほうは、なかば死にかけていて、自分の体の状態を知るのにも、それを教えてくれる人が必要だ。こんな人が、どうすれば自分の時間の主人になれるというのだろうか。

※

13.1 ボードゲームとか、球技とか、日光浴などで人生を浪費している人たちの例を、ひとつひとつ挙げていくときりがない。ようするに、そんなことに一生懸命にならなければ楽しめないような人は、閑暇な人とはいえないのだ。

たとえば、だれもが認めてくれるだろうが、なんの役にも立たない雑学の研究に熱中する人たちは、いかに一生懸命であっても、なにもしていないのと同じだ。最近では、ローマ人の中にも、そんな連中をたくさん見かけるようになった。

13.2 そもそも、この手の詮索好きは、ギリシャ人の病であった。たとえば、ウリクセス[39]

の船の漕ぎ手は何人だったのかとか、『イリアス』と『オデュッセイア』はどちらが先に書かれたのかとか、さらには、それらの作者は同一人物なのかとか[40]、いくらでも挙げることができる。こんな知識は、秘密にしていても、心のうちに秘めた知が、より豊かになることはない。かといって、だれかにひけらかしても、学のある人だとは思ってもらえない。それどころか、嫌なやつだと思われてしまうのだ。

13.3
だが、そんなくだらぬ知識を求める空しい情熱が、今や、ローマ人の間にも蔓延している。つい先日も、わたしは、とある人物が〈ローマの将軍で、最初にこれをしたのは誰か〉といううんちくを傾けているのを耳にした。それによれば、最初に海戦で勝利をおさめたのはドゥイリウス[41]で、最初に凱旋式で象を行進させたのはクリウス・デンタトゥス[42]なのだそうだ。

まあ、この程度ならよかろう。たしかに、そんな知識を持っていても、ほんとうの栄光が得られるわけではない。しかし、それが国民の果たすべき模範的な仕事に関する話であることも事実だ。たしかに、そんな知識は、たいして役に立たないだろう。しかし、たとえその内容は空しいものだとしても、興味深いものではあるから、われわれは関心を引かれるのである。

13.4 さらに、こんな詮索をする人たちも、大目にみてやろうではないか。すなわち、船に乗ることを最初にローマ人に勧めたのは誰か。――正解は、クラウディウス。[43]これにちなみ、彼はカウデクスとあだ名された。なぜなら、昔の人たちは、たくさんの木の板をつなぎ合わせて作られたものを、カウデクスと呼んでいたからだ。ちなみに、［木版に記録した］公文書がコーデクスと呼ばれたり、ティベリス川[44]をさかのぼって荷物を運ぶ船が、今でも、昔の呼び方にならってコーディカリアと呼ばれたりするのも、この言葉に由来している。

13.5 さらに、こういう話も、さぞや重要なのだろうね。――ウァレリウス・［メッサ

39　ギリシャ神話に登場する英雄で、『オデュッセイア』の主人公オデュッセウスのこと。

40　『イリアス』と『オデュッセイア』は、古代ギリシャの伝説的詩人ホメロスの作品とされているが、両作がほんとうに同一作家によるものかをめぐっては、古代から議論されていた。

41　紀元前三世紀のローマの将軍・政治家で、カルタゴとの海戦で初めて勝利をおさめた。

42　ローマの将軍・政治家（紀元前三世紀）。

43　ローマの政治家（紀元前三世紀）。カルタゴとの戦争のさいに、船でシケリア島に遠征した。

44　ローマ中心部を流れるテヴェレ川のこと。

ラ・」コルウィヌスが、最初にメッサナに勝利した。[45] 彼は、自分が征服した都市の名にちなみ、ウァレリウス一族の中で、最初にメッサナという異名で呼ばれた。そして、これが世間に広まるうちに、いつのまにか綴りが変化していき、やがてメッサラと呼ばれるようになったのである。

それなら、あなたは、だれかがこんな話に興味津津《しんしん》でも許せるのだろうか――ルキウス・スッラ[46]が、最初にライオンを鎖からはずして、大競技場で見世物にした。（それまでは、ライオンは鎖につなぐのが通例だったのだ。）そして、ボックス王[47]の派遣した槍兵たちにそれを殺させた。

まあいい。これも許してやることにしよう。だが、こういう話は、いかがなものか。すなわち、ポンペイウス[48]が、最初に、十八頭の象を大競技場で見世物にして、その象を相手に、罪人でもない人間たちを、実戦さながらに戦わせたという話だ。いったい、こんなことを知って、何の意味があるというのか。ポンペイウスは、国家の指導者だ。それも、伝え聞く評判によれば、昔の指導者たちの中でも、とりわけ心のやさしい指導者だったというではないか。その彼が、斬新な方法で人間を殺して、人々の記憶に残る見世物にすることを考えたというのだ。――「彼らを死ぬまで戦わせようか」

13.6

「いや、それでは不十分だ」「では、彼らを八つ裂きにしようか」「いや、それでも不十分だ」「そうだ、巨大な動物に踏み潰させよう」

こんなことは、忘れ去られてしまうほうがよかったのだ。そうすれば、後の時代の権力者がそれを知って、自分もそんな非人間的なことをしてみたいものだと、うらやましがるような心配もなくなる。

ああ、大いなる栄華というものは、われわれの心をどこまで愚かにしてしまうのだろう。ポンペイウスは、たくさんの哀れな人間たちの群れを、異国で生まれた巨獣たちの中に投げ込んだ。これだけ異質な動物同士を戦わせた。たくさんの血を流して、ローマ市民に見物させた。（しかも彼は、そのローマ市民にも、その後［の内戦で］、それ以上の血を流すことを強いることになるのだ。）そのとき彼は、自分が自然の摂

45　コルウィヌスはローマの政治家（紀元前三世紀）。シケリア島の都市メッサナをシラクサから解放し、同盟都市にした。
46　ローマの将軍・政治家（紀元前二世紀）。
47　アフリカのマウレタニアの王。スッラと交流があり、ローマと友好関係にあった。
48　31頁注19を参照。

13.7

理を超越した存在だと信じて疑わなかった。ところが、その同じ人物が、その後アレクサンドレイア「のエジプト王朝」に裏切られたのだ。[49] 彼はあざむかれ、最も卑しい奴隷の手によって刺し殺されるはめにおちいったのである。そして、そのときになって、彼はようやく悟ったのであった——「「偉大なる《マグヌス》」という」自分の異名は、空しいうぬぼれにすぎなかったのだと。

※

話がわき道にそれた。もとに戻して、同じような問題に無益な情熱を傾けている人たちの話を、続けることにしよう。さきほどの人物は、次のような話もしていた。メテッルス[50]は、シケリアでカルタゴ軍に勝利したが、その凱旋式において、敵から奪った百二十頭の象を自分の戦車の前に並べて行進した。そんなことをしたのは、ローマ人の中で彼ひとりなのだそうだ。それから、スッラは、ポメリウム[51]を拡張した最後のローマ人なのだそうだ。そして、このポメリウムは、昔のしきたりでは、イタリアで領土を獲得したときにのみ拡張し、それ以外の地方で領土を獲得しても、決して拡張しないのだそうだ。[52]

こんなことを知っても、なんの益もない。それは、「アウェンティヌスの丘[53]がポメリウムの外側にあるのはなぜか」を知っているのと、たいした違いはないのだ。この問題について、その人物はこう主張していた――それは、平民たちがこの丘に退去したためか[54]、あるいは、レムス[55]がその場所で鳥占いをしたときに、吉兆があらわれなかったためかの、いずれかの理由によるのだと。この手の知識は、ほかにも無数に存在するが、それらはみな間違っているか、間違いとはいえなくとも、うさんくさいものだ。

49 カエサルとの争いに敗れ、アレクサンドレイアに逃れたポンペイウスは、エジプト王プトレマイオス13世の計略によって暗殺された。
50 ローマの将軍（紀元前三世紀）。
51 ローマ中心部の、もともとのローマの範囲を示す境界線のこと。
52 ポメリウムは、後の支配者たちによって、権力の誇示のために幾度か拡張されたらしい。
53 古代ローマの七つの丘のひとつ。
54 アウェンティヌスの丘は平民層の拠点であり、彼らは貴族との政治的対立があると、ここに集団で退去して対抗した。
55 ローマの建国者ロムルスの双子の弟。

13.9 あなたは、彼らの話はみな誠実なものだと認めるかもしれない。彼らも、自分の話は信頼に足るものだと請け負うかもしれない。だが、たとえそうだとしても、その知識が、いったい誰のあやまちを正してくれるというのか。誰の欲望を抑えてくれるというのか。誰をいっそう勇敢にしてくれるというのか。誰をいっそう正しくしてくれるというのか。誰をいっそう自由にしてくれるというのか。

わが師ファビアヌスは、よく言っていた——こんなことにかかずらうくらいなら、学問なんてしないほうがましだと思うことが、ときどきあるのだと。

真の閑暇は、過去の哲人に学び、英知を求める生活の中にある

14.1 すべての人間の中で、閑暇な人といえるのは、英知を手にするために時間を使う人だけだ。そのような人だけが、生きているといえる。というのも、そのような人は、自分の人生を上手に管理できるだけでなく、自分の時代に、すべての時代を付け加えることができるからだ。彼が生まれる以前に過ぎ去っていったあらゆる年月が、彼の年月に付け加えられるのである。われわれがひどい恩知らずでないというなら、こう考えるべきだ——人々に尊敬される諸学派を作り上げた高名な創設者たちは、われわれのために生まれてくれた。そして、われわれのために、生き方のお手本を用意してくれたのだと。

他人が苦労してくれたおかげで、われわれはとても素晴らしいものへと導かれていく。それは、［過去という］暗闇の中から掘り起こされて、光を当てられるのだ。われわれに閉ざされた時代などない。われわれは、すべての時代に近づくことを許されている。われわれは大きな心で、人間の弱点である視野の狭さを克服しようとするだけでよい。そうすれば、広大な時間が目の前に広がり、われわれはそこを訪ね歩いていくことができるのである。

われわれには、ソクラテス[56]と共に、議論することが許されている。カルネアデス[57]と共に、懐疑することが許されている。エピクロス[58]と共に、安らぐことが許されている。ストア派の哲人たちと共に、人間の性《さが》に打ち勝つことが許されている。キュニコス派[59]

56 古代ギリシャの哲学者（紀元前五世紀）。
57 古代ギリシャの懐疑主義の哲学者（紀元前二世紀）。
58 古代ギリシャの快楽主義の哲学者（紀元前四世紀）。なにごとにも乱されない穏やかな生活を追求した。

の哲人たちと共に、人間の性《さが》から自由になることが許されている。

自然は、われわれに、すべての時代と交流することを許してくれる。ならば、われわれは、この短く儚《はかな》い時間のうつろいから離れよう。そして、全霊をかたむけて、過去という時間に向き合うのだ。過去は無限で永遠であり、われわれよりも優れた人たちと過ごすことのできる時間なのだから。

※

14.3 あの連中を見ろ。彼らは自分のつとめを果たすために、あちこち歩き回っている。自分だけでなく、他人にもわずらわしい思いをさせている。毎日あらゆる家の玄関を訪ねてまわろうとすることだろう。彼らは、狂ったようにつとめを果たそうとすることだろう。毎日あらゆる家の玄関を訪ね歩き、開いている門があれば、決して見逃さないだろう。彼らは遠く離れた家々を訪ね歩き、金めあてのごきげん伺いをすることだろう。だが、この都はあまりに巨大で、さまざまな欲望が渦巻いている。そんな場所で、いったい、彼らがどれだけの人に会えるというのか。

14.4 寝ているために、あるいは自分勝手や礼儀知らずゆえに、彼らを締め出してしまう人たちが、なんと多いことか。

［外で待っている］彼らに長時間苦しい思いをさせたあげく、急ぐふりをして彼らをすり抜けていく人たちが、なんと多いことか。手下の者たちであふれる客間を通って外出するのを避けて、人目につかない屋敷の裏口から逃げていく人たちが、なんと多いことか——まるで、追い出すよりも、だましたほうが人間的だといわんばかりではないか。

前の晩に飲みすぎて、半分眠った重い頭で、可哀想な彼らに——なにしろ彼らは、自分は眠らずに、眠っている他人を待っているのだ——ふてぶてしくあくびをしながら、その名を呼んで挨拶してやる人たちが、なんと多いことか。しかも、その名さえ、召使が［相手に気づかれぬように］ほとんど唇を動かさずに、［主人の］耳元で千回はささやかないと分からないときている。[60]

59 古代ギリシャの哲学の学派で、世俗を超越した自由の境地を求めた。

60 古代ローマには、主人の関係者の名前をすべて記憶し、主人の傍らにはべって、主人に当人の名前を伝える召使がいた。

※

14.5 むしろ、次のような人たちこそ、自分の本当のつとめを果たしていると考えるべきだ。すなわち、ゼノン[61]、ピュタゴラス[62]、デモクリトス[63]をはじめとする学問の神官たちや、アリストテレス[64]やテオフラストス[65]を、毎日つき合う親友にしたいと望む人たちである。

これらの哲人たちは、いつでも時間を空けてくれる。彼らのもとを訪れれば、帰るときにはいっそう幸福になり、自分をいっそう愛するようになっている。彼らのもとを去るときには、手ぶらで帰ることを許してくれない。そして、夜であろうが昼であろうが、すべての人間が、彼らのもとを訪れることができるのである。

15.1 彼らは、決して、あなたに死を強要しない。むしろ、彼らはみな、あなたに死を教えてくれるだろう。彼らは、決して、あなたの人生の年月を無駄には使わせない。むしろ彼らは、自分の年月を、あなたにつなげてくれるだろう。彼らのだれと言葉を交わしても、危険な目にあうことはない。彼らのだれと交際しても、命を狙われることはない。彼らのだれにつき従っても、金を失うことはない。あなたは、彼らのもとから、なんでも望むものを持ち去ることができるだろう。(もっとも、あなたは、あなたが受け入れうる最大の量を、汲み取れないかもしれない。しかし、それは彼らの責任ではない。)

15.2 そんな哲人たちに保護された人には、どれほどの幸福が待ち受けていることだろう。どれほどすばらしい老年が待ち受けていることだろう。その人は持つことになるであろう。どんなに小さなことでも、どんなに大きなことでも、相談に乗ってくれる友を。毎日その人に助言してくれる友を。ばかにせずに真実を教えてくれる友を。おせじ抜きでほめてくれる友を。見習うべき手本になってくれる友を。

15.3 われわれは、よくこう言う――われわれは、だれを自分の親にするかを選べなかった。親は偶然によって与えられるものなのだと。ところが、必ずしもそうではない。

---

61 古代ギリシャの哲学者で、ストア派の創始者(紀元前四世紀)。
62 古代ギリシャの哲学者で、ピュタゴラス派の創始者(紀元前六世紀頃)。
63 古代ギリシャの哲学者で、原子論の提唱者(紀元前五世紀)。
64 古代ギリシャの哲学者(紀元前四世紀)。
65 古代ギリシャの哲学者で、アリストテレスの弟子(紀元前四世紀)。

われわれには、自分の望みどおりの親の子として生まれることも許されているのだ。きわめて高貴な天才たちには、［学派という］それぞれの家がある。どの家の子になりたいか選びなさい。あなたは、たんに家の名だけでなく、財産をも受け継ぐことになるだろう。あなたは、その財産を、みみっちく、けちけちと守る必要はない。それは、多くの人に分け与えられれば、それだけ増えていくのだから。

彼らは、あなたに永遠への道を開いてくれることだろう。決して引きずり降ろされることのないあの高みにまで、あなたを引き上げてくれることだろう。これこそ、死すべき生を引き延ばす唯一の方法、いやそれどころか、それを不死なる生に転換する唯一の方法といえるのだ。

名誉の称号とか、記念碑のようなもの——すなわち、なんであれ、功名心を満たすために［元老院で］決議されて公布されたものとか、労役によって建てられたもの——は、いずれは滅び去る。長い年月がすべてを破壊し、変化させてしまうのだ。これに対して、英知の力で神聖になったものは、傷つけることができない。そのような神聖なものが、ある時代に滅んだり、衰えたりすることはないのだ。次の時代、その次の時代と、時がたてばたつほど、ますます尊敬されることだろう。なぜなら、近くにあれば嫉妬心が生まれるが、遠くにあれば素直な気持ちで賞賛できるのだから。

15.5 それゆえ、賢者の人生は、とても広大だ。賢者は並の人間の限界を越えている。賢者だけが、人類のさまざまな制約から解放されている。あらゆる時代が、神のごとき賢者の前にひれ伏すのだ。

時が過ぎ去った。賢者はそれを記憶の中に包み込む。時が、今ここにある。賢者はそれを使いこなす。時がやってくるだろう。賢者はそれを予測する。賢者は、すべての時をひとつにつなげる。そうやって、自分の人生を長くするのである。

時間に向き合えない人の人生は短く、不安に満ちている

16.1 これに対して、過去を忘れ、現在をおろそかにし、未来を恐れる人たちの生涯は、きわめて短く、不安に満ちている。この哀れな人たちは、死が間近に迫ってから、自分が長い間ただ多忙なばかりで、なにも意味のあることをしてこなかったことに気がつく。しかし、そのときにはもう手遅れなのだ。

16.2 あなたは、こう思うかもしれない――彼らは、ときどき、もう死んでしまいたいと思うことがある。この事実は、彼らの人生が長いことを証明する証拠になるではないかと。だが、そうではない。彼らは、愚かさゆえに、不安定な精神状態に苦しめられているのだが、そのような精神状態ゆえに、自分が恐れているものの中に、飛び込んでいってしまうのだ。つまり、彼らがしばしば死を望むのは、彼らが死を恐れているがゆえなのである。

16.3 さらにあなたは、次のような事実も、彼らが長く生きていることの証拠になると考えるかもしれない。たとえば、彼らはしばしば、一日を長く感じる。また彼らは、定められた夕食の時間が来るまで、時間のたつのが遅いと不平をもらす。しかし、これも証拠にはならない。なぜなら、そんな人たちは、すべきことがなくなって、閑暇の中に投げ込まれてしまい、時間の使い方も潰し方もわからずに、狼狽しているにすぎないからだ。だから、彼らは一生懸命に用事をさがす。そして、空いた時間はいつでも、退屈にあえいでいるのだ。それはちょうど、剣闘士の試合の開催日が発表されたときとか、なにかほかの見世物や娯楽の当日を待ち望んでいるときなどに、彼らがその間の日々を飛び越えてしまいたいと思うのと同じなのだ。待ち望んでいるものを引き延ばすもののすべてを、彼らは長く感じるのである。

16.4 それに対して、彼らが楽しめる時間は短く、またたく間に過ぎ去っていく。しかもそれは、彼らの悪習ゆえに、さらに短くなってしまう。すなわち、彼らは、次から次にいろいろな楽しみに飛びついていき、ひとつの欲望のうちにじっと留まることができないのだ。

そんな彼らにとって、日々は、長いどころか、いとわしいものだ。ところが、それとは反対に、娼婦に抱かれて過ごす夜や、酒を飲んで過ごす夜を、彼らはなんと短く感じることだろうか。

こんなことだから、愚かな詩人たちが、人間のあやまちを助長するような物語を作るのだ。彼らの想像によれば、ユピテルは性の快楽に魅せられて、夜の長さを二倍にしたのだという。[66]詩人たちは、神々を人間の悪徳の創設者にでっち上げ、神々だけに許された奔放さを、人間の病のお手本として示す。だがそれは、われわれの悪徳に火をつける所業でなくて何であろうか。

いずれにせよ、彼らが高い代償を支払って手に入れた夜を、とても短く感じないこ

66　ギリシャ・ローマ神話によれば、ユピテル（ゼウス）がアルクメネと一夜を共にしたとき、夜の長さを二倍にしたという。

とがありえようか。彼らは、夜を願って昼を失い、朝を恐れて夜を失うのだから。

※

17.1 このような人たちの楽しみは、それ自体が不安に満ちており、さまざまな恐れでざわついている。そして、楽しんでいる真っ最中に、不安な思いがよぎるのだ――「これが、いつまで続くのだろう」と。

このような気持ちから、王たちは、みずからの権勢のゆくえを案じて、涙を流してきた。高い地位にあっても楽しむことができず、むしろ、いつか訪れるであろう破滅を思い、おびえていたのだ。

17.2 その昔、かのきわめて傲慢なペルシャ王[67]は、大平原に軍隊を集結させた。（彼の兵の数たるや、［あまりにぼう大なために］数えることができず、［柵の中に入れて］まとめて計量したほどであった。）王はその光景を見て、これほどの数の若き兵士たちも、百年もすれば、もうだれひとり生きてはいないのかと言って、涙を流したという。

ところが、その兵士たちに死の運命をもたらしたのは、涙を流した王自身であった。王は、ある者を海で、ある者を陸で、ある者を戦闘中に、ある者を敗走中に失ったのだ。彼らの百年後を憂えた人物が、彼らを一瞬のうちに根絶やしにしたのである。
そんな人たちの楽しみが、不安に満ちているのはなぜか。それは、彼らの楽しみが 17.3
確固としたいしずえに支えられておらず、いしずえなしに生じた空しいものであるが
ゆえに、ぐらついているからだ。
彼らの過ごす時間は、どんなものだと思うかね――それが惨めなものであることを、
当人たちも認めているのだ。なにしろ、彼らが自慢し、だれもがうらやむと思ってい
る楽しみは、まがいものにすぎないのだから。
絶大な幸せは、それがどんなものであれ、不安に満ちている。また、運というもの 17.4
は、たとえ幸運であっても、信頼がおけない。幸福でありつづけるためには、さらな
る幸福が必要になる。願いが叶っても、また別の願いをしなければならない。なぜな
ら、偶然から生まれたものはみな不安定であり、高く上れば上るほど転落しやすくな
るものだが、だれも転落を喜びなどしないからだ。それゆえ、彼らの人生がきわめて
短いだけでなく、きわめて悲惨なものとなるのは当然なのだ。多大な苦労をして手に

67 紀元前五世紀にギリシャに侵攻したクセルクセス王のこと。

入れたものを保持するために、さらに多大な苦労をしなければならないのだから。

17.5 彼らは、苦労の末に、欲しいものを手に入れる。そして、手に入れたものを不安げに持ち続ける。しかし、そうしている間も、二度と戻らない時間のことは、まったく気にもとめない。新たな忙しさが、それまでの忙しさにとって代わる。希望が希望をかきたてる。野心が野心をかきたてる。彼らは、悲惨な生活を終わらせる努力などしない。たんに、悲惨の中身が移り変わっていくだけだ。

われわれは、官職に就任して、苦しめられた。しかし、［それから解放されても］こんどは、別のだれかが官職に就任して、もっとたくさんの時間を奪っていく。われわれは、苦労して官職に立候補するのをやめた。ところが、こんどは、ほかの立候補者の応援をやりはじめる。われわれは、［裁判で］起訴する側の苦労から逃げ出した。すると、こんどは［裁判官になって］裁く側の苦労を背負い込む。ある人は、裁判官をやめる。すると、調査官になっている。ある人は、雇われて、ずっと他人の財産の管理をしてきた。ところが、こんどは自分の財産の管理をしている。

17.6 マリウス[68]は軍務から解放された。だが、こんどは執政官の仕事で忙しい。クインティウス[69]は、独裁官[70]の職を早々に辞する。しかし、ほどなくして、田舎での隠遁生活から呼び戻されることになる。

スキピオ[71]は、まだ大きな仕事をするには未熟であったが、カルタゴへの遠征をすることになる。彼はハンニバル[72]に勝利し、アンティオコス[73]に勝利する。自身が執政官に就任して栄光を手にすると共に、執政官となった弟の後ろ盾をする。[74]彼の像は、本人が辞退さえしなかったら、ユピテル神の像の隣に置かれたことであろう。ところが、同胞市民たちとの対立が、この救済者を苦しめることになる。[75]彼は若いころ、神々に並ぶ名誉を［謙虚に］辞退した。だが、老年になると、頑固な隠遁生活を送ることに

68　ローマの軍人・政治家（紀元前二世紀）。
69　ローマの軍人・政治家（紀元前五世紀）。
70　独裁官（ディクタトル）とは、国家の非常時にのみ任命される、強い権力を持つ政務官。
71　紀元前三世紀のローマの軍人・政治家であるスキピオ・アフリカヌス（大スキピオ）のこと。
72　カルタゴの将軍（紀元前三世紀）。
73　戦いに敗れたハンニバルが身を寄せたセレウコス朝の王アンティオコス三世のこと。
74　スキピオは、執政官となった弟ルキウスの参謀役をつとめた。
75　スキピオ兄弟は、カトーたち保守派の告発と弾劾を受けた。

喜びを見いだすようになるのである。[76]

不安の原因は、幸福からも不幸からも生まれ、決してなくならないだろう。人生は、忙しさに駆り立てられていくことだろう。閑暇は、決して実現することなく、いつまでも切望されつづけることだろう。

パウリヌスへの助言——多忙な生活から離れ、ほんとうの人生を生きなさい

18.1 だからこそ、俗人たちのもとを離れなさい、親愛なるパウリヌスさん。あなたは、その年齢に釣り合わぬほど、たくさんの出来事に翻弄されてきた。だから、静かな港に帰るのだ。

よく考えてほしい。あなたは、どれほどの荒波をかいくぐってきたことだろう。あなたは、あるときには、私生活での嵐に耐え、またあるときには、公務での嵐に立ち向かったのだ。あなたは、たえまない苦労を乗り越え、その中で十分な徳を示してきた。こんどは、閑暇な生活の中で、その徳が何をなしとげるか試してほしい。

あなたの人生のうちのかなりの、そして間違いなく良質な部分は、国家に捧げられた。これからは、その時間を少しでも自分のために使いなさい。

18.2 わたしは、あなたに、怠惰で退屈な休息を勧めるつもりはない。あなたのうちにある生き生きとした活力を、惰眠や大衆好みの娯楽に浸せと言うつもりはない。（そもそも、そんなものは休息ではない。）そうではなく、あなたは、そこに大切な仕事を見いだすことになるのだ。それは、あなたがこれまで一生懸命に果たしてきたどの仕事よりも、大切な仕事だ。あなたは世間から離れ、心静かに、その仕事に取り組むことになるのだ。

18.3 たしかに、あなたはこの世界の［穀物供給の］帳簿を、よく管理している。それは他人の帳簿だから、あなたはとても公平だ。自分の帳簿だから、あなたはとても慎重だ。そして、国家の帳簿だから、あなたはとても誠実だ。公職にあれば、憎しみを買うことは避けがたいというのに、あなたは人々から敬愛されている。だが、わたしを信じてほしい。国の穀物供給の帳簿を知ることよりも、あなたの人生の帳簿を知ることのほうが大切なことなのだ。

18.4 あなたの精神は、これほど強い活力に満ち、最も偉大な事柄に向き合うことができ

---

76 弾劾後、晩年のスキピオは、カンパニア地方に隠棲し、亡くなった。

る。あなたの仕事は、たしかに尊敬に値するものではあるが、幸福な人生をもたらしてはくれない。だから、あなたの精神の力を、そんなところにつぎ込むのはやめなさい。よく考えてほしい。あなたは若いころから、教養を身につけるために、あらゆる教育を受けてきた。だがそれは、大量の穀物を上手に管理するためではなかったはずだ。あなたが大志を抱いていたのは、もっと偉大で崇高な仕事だったではないか。几帳面で仕事熱心な人間なら、ほかにいくらでもいる。荷物を運ぶには、歩みのおそい家畜のほうが、血統のよい馬よりも、はるかに適している。わざわざ重い荷物を載せて、生まれながらの俊足をだいなしにしてしまうような者が、どこにいるというのか。

18.5 それだけではない。考えてほしい。あなたがこんなに重い責任を背負うことは、どれほどの不安に満ちていることだろう。なにしろ、あなたの職務は、人々の胃袋にかかわるものなのだ。腹をすかせた人たちには、理屈など通じない。公平に取り扱っても納得してくれず、とにかく何をしても聞く耳を持たないのだ。

つい最近も、そんなことがあった。すなわち、ガイウス・カエサル帝が亡くなったあとの数日間に起きた出来事だ。[77]（もし死者に感情というものがあるなら、帝はそこで起こったことを目撃して、さぞや悔しがったことであろう。なぜなら、七、八日分の食糧備蓄があったおかげで、ローマ市民は生き延びることができたからだ。）帝は、［ナポリ湾で］たくさんの船を連結して架橋を作り、帝国の財産［である船］で遊び呆けていた。そして、［輸送船不足で補給線を失い］籠城状態となったローマ市民は、最悪の事態に見舞われることになったのだ。すなわち、食糧不足である。

そもそもの事の発端は、異邦の王[78]――彼は狂気にとらわれ、傲慢ゆえに不幸を招いた――の所業を、皇帝が真似しようとしたところにある。[79]それが飢餓を招き、ローマは瀕死状態となった。そして、その飢餓を引き金に、国全体が破滅の危機に陥ってし

77　ガイウス・カエサル帝とは、カリグラ帝のこと。狂気の独裁者として悪名高く、さまざまな愚行をおこなったとされる。ここで報告されているのは、紀元前三九年にカリグラ帝がナポリ湾に大量の船を連結した架橋を作り、そこを舞台として見世物を催した事件のことで、これによって、ローマでは輸送船が不足して、食糧不足となった。なお、この事件がおこったのは、正確には、皇帝の死の二年ほど前である。

78　本作17・2に登場するペルシャ王クセルクセスのこと。

79　クセルクセスは、ギリシャ世界に攻め込む際、ダーダネルス海峡を船で架橋した。

まったのである。

18.6 そのとき、国による穀物配給の任にあたっていた人たちの心境は、どれほどのものであったろう。彼らは、［暴動での］石と剣と火に——さらにはガイウス帝に——立ち向かわなければならなかったのだ。彼らは、なにも知らないふりをして、国家のはらわたに潜むあれほど深刻な［食糧不足という］病を隠し通した。彼らがそうしたのには、十分な理由があった。というのも、ある種の病は、患者に知らせずに治療する必要があるからだ。じっさい、自分の病気を知ったことが元で亡くなってしまった人が、たくさんいるのだから。

※

19.1 あの、もっと平穏で、もっと安全で、もっと大切な仕事に戻りなさい。それとも、あなたは、どちらでも似たようなものだとでも思っているのだろうか。今のあなたが腐心していることは何だろうか。穀物が、運搬人たちのごまかしや不注意で損害を受けることなく、倉庫に運び込まれるようにすること。あるいは、穀物が湿気を吸って、熱で駄目にならないようにすること。そして、その量と重さを照合することではないか。ところが、あの仕事に携われば、あなたは神聖で崇高な事柄に近づくことができるのだ。すなわち、あなたは知ることになるであろう——神の本質と意志と性質と姿が、いかなるものなのかを。あなたの魂が［死後］どうなるのかを。われわれが肉体から解放されたとき、どこに住まうことになるのかを。この世界において、最も重いものをその中心に集め、軽いものを上方に引き上げ、火を最も高いところに運び、星々に規則正しい運動をさせているものは何なのかを。このような、大いなる驚異に満ちた事柄を、あなたは次々と知ることになるのである。

19.2 あなたは、地上を離れ、精神の目を、こうした事柄に向けなければならない。血気盛んな今のうちに、元気をふりしぼって、よりよい方向に向かうべきだ。そうした種類の人生の中にこそ、たくさんのすばらしい生き方が、あなたを待っている。あなたは、徳を愛して実践し、欲望から解放され、生きることと死ぬことを知り、深い静寂の中で生きるのだ。

※

19.3 多忙な人は、みな惨めな状態にある。その中でもとりわけ惨めなのは、他人のためにあくせくと苦労している連中だ。彼らは、他人が眠るのにあわせて眠り、他人が歩くのにあわせて歩く。だれを好いてだれを嫌うかという、なによりも自由であるはずの事柄さえ、他人の言いなりにならなければならない。そんな人たちが、自分の人生がいかに短いかを知りたがったなら、その人生の中で、自分のものだといえる部分が、いかに小さいかを考えさせればよい。

20.1 それゆえ、高官の着用する服を幾度もまとってきた人を見ても、議場や法廷でその名がもてはやされている人を見ても、うらやましいと思ってはいけない。そのようなものを手にするためには、人生を犠牲にしなければならないのだから。彼らは、一年を自分の名前で数えてもらうために、自分の人生のすべての年を使い果たすのだ。

野心の終着点に到達するよりはるか以前に、最初の闘争で、人生から見捨てられてしまう者もいる。幾千もの屈辱を積み重ねたあげく、やっと名誉の頂点にたどり着いたものの、これまでの苦労は墓碑に称号を刻むためにすぎなかったと、悲しい思いをする者もいる。きわめて高齢になっても、新しい希望を若者のように胸に抱き、たくさんの努力をするものの、無理がたたって、病気で死んでしまう者もいる。

20.2 もういい歳なのに、縁もゆかりもない訴訟当事者を裁判で弁護してやり、無知な聴衆の賛同を得ようとしている最中に倒れるなんて、見苦しいことではないか。働くことに疲れるより先に、生きることに疲れ、仕事をしている最中に倒れるなんて、情けないことではないか。帳簿を見ている最中に亡くなり、［その死を］首を長くして待っていた遺産相続人を喜ばせるなんて、情けないことではないか。

20.3 今、わたしの心に思い浮かんだひとつの事例を、あなたに話さずにはいられない。セクストゥス・トゥランニウスは、じつに勤勉な老人であった。九十歳を過ぎたころ、彼はガイウス・カエサル帝から解職を言い渡された。すると彼は、自分を棺台《ひつぎだい》に横たえさせ、周囲に親類縁者たちを立たせると、まるで死者を悼むかのように涙を流させた。家の者たちは、年老いた主人に暇が与えられたことを嘆き、彼が復職を許されるまで嘆きやむことがなかった。――まったく、そこまでして、多忙の中で死にたいというのか。

20.4 これと同じ気持ちを、たくさんの人が抱いている。働きたいという欲求は、彼らが

80　ローマでは、それぞれの年を、その年の二名の執政官の名前で識別した。たとえば、「アントニウスとキケロが執政官の年」（紀元前六三年）。

働く力を失ったあとも長く続く。彼らは肉体の衰えにあらがい、老年を厭うべきものとみなすが、それは、ほかでもなく、老年が彼らを無用の長物にしてしまうからなのだ。

法律の定めでは、五十歳を過ぎれば軍役から外され、六十歳を過ぎれば元老院に招集されなくなる。人間は、法律の力で暇になるよりも、自分の力で暇になるほうが難しいわけだ。

ひとは、互いの時間を奪いあい、互いの平穏を破りあい、互いを不幸にしている。そんなことをしているうちは、人生には、なんの実りも、なんの喜びも、なんの心の進歩もない。だれも死を見すえることなく、遠くの希望ばかりを見ている。じっさい、人生を終えた先の準備までしている者もいる。巨大な墓とか、本人を記念する公共建造物とか、葬式で催される見世物とか、盛大な葬列などだ。

だが、いいかね。ほんとうは、こんな人たちの葬式は、たいまつとろうそくを灯しておこなうべきなのだ――彼らの人生が、とても短かったかのように。[81]

20.5

81 ローマでは、子どもの葬式は、夜におこなわれた。

母ヘルウィアへのなぐさめ

カリグラ帝が暗殺され、クラウディウスが第四代皇帝に就任した紀元後四一年、セネカは、コルシカ島に追放されます。罪状は、カリグラ帝の妹ユリア・リウィッラとの不倫関係でした。セネカの追放は政治的なものであり、不倫という罪状が事実なのか、それとも濡れ衣なのかは、さだかではありません。しかし、結局セネカは、許されてローマに戻るまでの八年もの間、流刑地での暮らしを強いられることになるのです。この追放の時代は、セネカにとって最大の危機でしたが、彼はストア派の哲学の教えにしたがい、この苦難を耐え抜きます。

本作は、セネカがコルシカ島に追放されてからしばらくたった後、彼の母ヘルウィアに向けて書かれたもので、息子の不運を嘆き悲しむ母親を、みずからなぐさめ、励ます内容になっています。セネカは、不幸にあった知人をなぐさめるために、いくつかの書簡を執筆していますが、本作は、そのなかでも、とりわけ優れた傑作といえるものです。

母の悲しみをいかになぐさめるか

最愛なる母上。わたしは幾度となく、あなたをなぐさめてさしあげたいという思いにかられましたが、そのたびに、はやる気持ちを抑えてきました。

思い切ってやってみようと思う理由は、たくさんありました。まず、第一に、わたしには、こう思えました。たしかに、あなたの涙を止めることは無理かもしれない。しかし、せめてそれを拭うことができるなら、わたしの心配のたねは、すべて取り除かれることだろうと。さらに、わたしには、自分のほうが先に立ち上がれば、わたしがあなたを立ち直らせる力は、いっそう強くなるだろうという確信がありました。また、それにくわえて、わたしに打ち負かされた運命が、こんどは自分に近しいだれかを打ち負かすかもしれないという心配もありました。ですからわたしは、自分の傷口を手で押さえながら「あなたのもとに」這いよっていき、なんとかしてあなたの傷に包帯を結ぼうとしていたのです。

1.1

1.2 ところが、他方で、わたしのこの企てを妨げる要因もありました。悲しみが生まれたばかりで、猛威をふるっている時期に、あなたの悲しみに手出しをすべきでないことは、よくわかっておりました。わたしのなぐさめが、かえって悲しみを刺激し、増大させてしまうかもしれないからです。（じっさい、病気においても、はやまった治療ほど、危険なものはありません。）ですから、わたしは、今まで待っていたのです。あなたの悲しみの力がしだいに弱まり、時間の経過と共にやわらいでいって、治療に耐えられるようになり、手で触れて処置を施せるようになるときを。

それだけではありません。わたしは、高名な作家たちによって書かれた、悲しみを静めて和らげるための本をすべて読みました。しかし、当人が近親者たちの悲嘆の対象になっているというのに、逆に彼らをなぐさめた人物の例を、そこに見出すことはできませんでした。わたしは、前例のない状況に直面して、とまどいました。そして、わたしのなぐさめが、なぐさめになるどころか、かえって悲しみを増大させてしまうのではないかと恐れたのです。

1.3 それに、どうでしょう。火葬場のたきぎの中から頭を出しているような人間が、近親者たちをなぐさめようというのです。そんな人間には、平凡でありふれた言葉ではなく、斬新な言葉が必要だったのです。ところが、限度を越えた大きな悲しみは、どんなときでも、言葉を選ぶ力を奪い去らずにはおきません。じっさい、それはしばしば、声そのものすら奪い取ってしまうのですから。

1.4 しかし、ともかくも、できるかぎりのことをしてみます。もっとも、そうするのは、自分の弁舌の力に自信があるからではありません。そうではなく、わたし自身がなぐさめ手になってこそ、最も効果的ななぐさめができると思うからなのです。あなたが、わたしの願いを拒むことなどありませんでした。ですから、わたしの今回の願いも、拒まないでいただきたいのです。たしかに、悲しみというものはみな、じつにしつこいものです。しかし、お願いです。わたしを思うあなたの強い思慕の情に、わたしが節度を与えることを、どうかお許しください。

※

2.1 考えてみてください。わたしは、これまで、あなたの寛大なお心に、どれほどおすがりしてきたことでしょう。それに、わたしは固く信じているのです。不幸な人たちにあっては、悲しみほど強い力を持つものはありませんが、あなたにあっては、その悲しみよりも、わたしのほうが強い力を持てるであろうと。

そうであればこそ、わたしは、あなたの悲しみと、ただちに戦うつもりはありません。そうではなく、その前に、悲しみに味方してやり、悲しみを増幅させるようなことを言うつもりなのです。すべての傷をさらけ出し、すでに治りかけた傷でも、ふたたび引き裂くつもりです。

2.2 すると、こう批判する人がいることでしょう――「それは、いったいぜんたい、どんな種類のなぐさめなのか。忘れ去った苦しみをふたたび思い起こさせ、ひとつの悲しみを見ることすら耐えられない心に、すべての悲しみを見せつけようとするとは」と。

しかし、そのような人には、こう考えていただきたい。病気が命にかかわるほどに悪化して、通常の治療法では食い止められなくなったら、たいていは、正反対の方法で治療します。ですから、わたしは、あなたの心に、すべての苦しみとすべての悲しみを突きつけるつもりなのです。この治療は、決して、なまやさしいものではありません。傷口を焼灼《しょうしゃく》したり、切開したりするのですから。では、これによって、わたしは何を達成したいのでしょうか。――これまで多くの不幸に打ち勝ってきたあなたの心が、これほど傷だらけの体に、もうひとつ傷がついたくらいで苦しむのは恥ずかしいと思うようになることです。

長く続いた幸せに甘やかされて、力を失った精神の持ち主は、いつまでも涙を流して嘆いていればよい。最も軽い災難の一撃で、崩れ落ちればよい。しかし、生涯にわたって災厄に見舞われ続けてきた精神の持ち主には、最も重い災難にも、強靭で確固とした不屈の心で、耐えていただきたいのです。

たえざる不幸は、ひとつの恩恵を与えてくれます。——たえず苦しめ続けることによって、ついにはその人を頑強な存在にしてくれるのです。

2.3

※

運命は、あなたを、とても辛い悲しみから解放することはありませんでした。あなたの生まれた日ですら、例外ではありません。あなたは、生まれるやいなや——いな、むしろ生まれてくる最中に——母親を失ってしまったのです。いってみれば、生まれたとたんに、捨て子にされたようなものでした。

2.4

あなたは、継母のもとで育ちました。あなたは、彼女に対して、深い従順と情愛をもって接しました。それは、ほんとうの娘にみられるものと、なんら変わらぬものでした。だから、彼女があなたのほんとうの母親になったのも、当然のことだったのです。（もっとも、いかにいい人であっても、継母であるかぎり、子どもには大きな負担がかかるものなのですが。）

あなたは、だれよりもやさしい伯父上を失いました。だれよりも秀で、だれよりも勇敢な人物でした。しかもそれは、あなたが彼の訪問を心待ちにしているときの出来事でした。そしてその後も、運命がその残忍さを和らげて、不幸を分散してくれることはありませんでした。それからひと月もたたないうちに、あなたは最愛の夫[1]――そのとき、あなたは三人の息子の母親になっていました[2]――の葬儀をすることになったのです。［伯父上の死を］嘆き悲しむあなたのもとに、悲しい知らせがもたらされました。しかも、そのとき、息子たちはみな不在でした。それはまるで、何者かの意志によって、あなたの不幸がその時期に寄せ集められ、あなたの苦悩が止むことのないようにされているかのようでした。

2.5

さらに、あなたは、たくさんの危険とたくさんの恐怖に絶え間なく襲われ、そして堪え忍びました。ですが、それについては、ここでは触れないでおきましょう。最近の出来事に話を移します。あなたは、世話した三人の孫をご自分の胸から引き離し、今度はその同じ胸に、三人の孫の遺骨を抱きました。そして、あなたがわたしの息子の葬儀――息子はあなたに抱かれ、あなたの口づけを受けながら、死んでいきましたね――を済ませてから二十日もたたないうちに、あなたは、わたしが奪い去られたという知らせを受けたのです。それは、生きている者を思って嘆き悲しむという、あなたがこれまで経験したことのない悲しみでした。

この新しい傷は、これまであなたの体につけられたすべての傷の中で、最も深い傷です。それはわたしも認めましょう。たんに体の表面が傷つけられただけではありません。胸が、そして内臓までもが、引き裂かれてしまったのです。

たしかに、新参の兵士であれば、傷が浅くても大声をあげますし、「傷口に触れる」医者の手を、剣よりも恐れることでしょう。ですが、古参の兵士なら、たとえ深手を負っても、じっとこらえます。そして、うめき声ひとつもらさずに、まるで他人の体

1　セネカの父で、弁論家のルキウス・アンナエウス・セネカのこと。
2　セネカには、兄ノウァトスと、弟メラの兄弟があった。

であるかのように、傷口を洗う痛みに耐えるのです。ですから、それと同じように、今のあなたも、勇気を出して、ご自分の体を治療に委ねるべきなのです。

3.2 悲嘆の声をあげたり、泣き叫んだりといった、女性が悲しむときにしがちな、騒がしいふるまいは、なさらないでください。不幸なときにいかにふるまうべきかを、あなたがまだ学んでおられないのだとしたら、あれだけの不幸に耐えてきたことが、無駄であったことになりますから。

※

——さあ、どうですか。わたしは、あなたに対して、なんの容赦もないとは思いませんか。わたしは、あなたの受けた不幸を包み隠したりせずに、すべてをあなたの目の前に積み上げたのですから。

4.1 ですが、わたしは、強い決意をもってそうしたのです。なぜなら、わたしは、あなたの悲しみを紛らわせるのではなく、打ち倒す決心をしているからです。

次のようにすれば、わたしはそれを打ち倒せると思います。すなわち、まずは、わたし自身が不幸だと言われるような目にはあっておらず、ましてや、わたしに関係する人たちを不幸にするような目にもあっていないことを明らかにするのです。そして、その後、話題をあなたに移し、あなたを襲った運命も、すべてわたしの運命に由来するものである以上、決して辛いものではないのだということを証明しましょう。

賢者に従い、運命に頼らない自分は、なにも辛い目にはあわない

4.2 それでは、まずは、子を愛するあなたの心が聞きたいと願っていること、すなわち、わたしにはなにも悪いことは起こっていないということの証明から始めることにしましょう。

あなたは、わたしが今の境遇に苦しんでいるとお思いでしょう。できることなら、わたしは、それが耐えがたいものではないことを明らかにするつもりです。ですが、もしかしたら、信じていただけないかもしれません。その場合には、せめて、自分で自分をほめることにしましょう。なぜなら、そんな状況はひとを不幸にしてしまうものなのに、わたしは、そんな状況にありながら、幸福でいられるのですから。

4.3 他人は、わたしのことを、とやかく言うことでしょう。しかし、それを信じる理由などありません。あなたが根拠なき意見に惑わされることのないよう、わたし本人が、自分は不幸ではないのだと、あなたに申し上げましょう。

さらに加えて、あなたにもっと安心していただくために、自分が不幸になることはありえないのだということも、明らかにできればと思います。

※

5.1 われわれが生まれ落ちる環境は、それをなおざりにしないかぎり、われわれの味方になってくれます。自然は、大げさな仕掛けを使わずとも、ひとがよく生きられるようにとりはからってくれます。われわれひとりひとりが、自分自身を幸福にすることができるのです。

われわれの外部で起こることは、それほど大きな影響を及ぼしません。よいことであれ、悪いことであれ、それが大きな力を持つことはないのです。賢者は、順境に有頂天になることも、逆境に意気消沈することもありません。なぜなら、賢者は、できるかぎり自分自身に頼り、すべての喜びを自分の中から引き出せるように、つねに努力をしているからです。

5.2 ――これは、どうしたことでしょう。わたしは、自分を賢者だと言っているのでしょうか。いいえ、決してそうではありません。もし、そう明言できるなら、わたしは、自分が不幸であることを否定するだけでなく、自分がすべての人間の中で最も幸福であり、神の近くにいるのだと宣言することでしょう。しかし、じっさいは、そうではありません。わたしは、あらゆる不幸を和らげるのに十分な手段として、自分の身を賢者たちに預けているにすぎないのです。わたしはまだ、自分で自分を救えるほど強くはありません。ですから、ほかの陣営に避難しているわけです。彼らは、自分自身も、自分に従う人々も、たやすく守ることのできる人たちなのです。

5.3 わたしは、彼らの命令に従い、見張りに立つ兵士のように、つねに警戒をおこたりません。そうやって、運命のあらゆる進攻と攻撃を、それが襲いかかってくるよりもずっと前に発見するのです。運命というものは、不意討ちをくらえば、過酷なものとなりますが、いつも警戒していれば、容易にしのげるものなのです。敵に攻撃されるときでも、油断しているところを急襲されたら、たちまち敗れてしまいます。しかし、戦闘が始まる前から、来たるべき戦闘にそなえて準備をしていれば、すぐに隊列と武装を整えて、最も激しい最初の突撃を、容易に受け止めることができるのです。

5.4 わたしは、運命を信用したことなど、一度もありません。運命が平穏をもたらしてくれたと思われたときですら、そうなのです。運命は、慈悲深くも、わたしに財産と地位と名声を与えてくれました。しかし、そうしたものはすべて、運命が取り返していっても、心が乱されることのないところに置いてあります。すなわち、わたしはそれらを、自分から遠く隔てられたところに置いているのです。ですから、運命はそれらを持ち去っていきますが、わたしから強奪していくわけではないのです。幸運に欺かれることのない人間なら、不運に押しつぶされることもありません。

運命が与えてくれた贈り物を、まるで自分の永遠の所有物であるかのように愛し、そのような贈り物ゆえに、ひとから尊敬されたがっている人たちがいます。そんな人たちの精神は、子どものように空っぽです。しっかりとした喜びなど、なにも知りはしません。そんな精神が、［運命の与える］偽物の移ろいやすいなぐさめから見捨てられるとき、彼らは悲嘆にうちひしがれるのです。しかし、これに対して、順境にあっても思い上がることのない人は、たとえ状況が変わっても、落ち込むことはありません。そのような人は、幾多の試練を経て強くなった心で、よいことに対しても、悪いことに対しても、ゆるぎない気持ちを保ちつづけます。彼は、幸福なときにすら、不幸に立ち向かう力を試しているのです。

5.6 ですから、わたしは、万人が望むようなものの中に、ほんとうによいものがあると思ったことはありません。わたしは知ったのです——それは空しいものであり、目を惑わせる美しい色が塗られていますが、内部には、その表面と同じものは、なにもないのです。たしかに、わたしは、今、ひとが災いと呼ぶものの中にいます。それについて、大衆は、ひとを脅かすようなことを口にします。ですが、わたしは、そんな恐ろしい目や辛い目にあっているわけではありません。

たしかに、〈追放〉という言葉は、ある種の思い込みにさらされており、それが広く行き渡っていますから、そのぶん、いっそう辛く耳に響きます。ですから、聞く人に暗く忌まわしい印象を与えるのです。そうなったのは、民衆が「この言葉に対して」そのような扱いをする決議をしたからです。ですが、民衆の決議の大半は、賢者たちによって取り消されるものなのです。

6.1 そういうわけですから、大多数の人々の決議は、わきに置いておくことにしましょう。いかに強く信じているにせよ、彼らがとらわれているのは、ものごとの表面的な姿にすぎないからです。むしろ、われわれは、そもそも追放とは何なのかを見ていくことにしましょう。

追放とは住む場所が変わることにすぎず、徳があれば耐えることができる

追放とは、ようするに、住む場所が変わることです。とはいえ、わたしが追放の威力を過小評価し、そこに含まれる最悪の要素を無視していると思われては困ります。ですから、追放によって住む場所が変われば、貧困、恥辱、侮蔑などのさまざまな不利益が伴うことも認めましょう。ですが、これらの問題については、のちほど論じることにします。さしあたり、まず考えたいのは、住む場所が変わること自体が、どれほどの苦しみをもたらすかという点です。

6.2 たしかに、「祖国がないのは、耐えがたいこと」と申します。ですが、見てください。巨大な都の家々にも収まりきらないほどの、この人々の大群を。この群集の大部分には、祖国がないのです。

彼らは、自分たちの自治都市や植民都市から――いな、それどころか世界中から――流れ込んできました。ある者は、野心に駆られてやってきました。ある者は、公務の必要にせまられてやってきました。ある者は、使節に任命されてやってきました。ある者は、贅沢な生活をしたくてやってきました。(贅沢は、悪事を働くのに都

合のよい、悪事に満ちた場所を探し求めているのです。）ある者は、学問を修めたくてやってきました。ある者は、見世物を見るためにやってきました。ある者は、友人を頼ってやってきました。ある者は、仕事への情熱から、自分の力を発揮できる広い活躍の場を求めてやってきました。ある者は、美貌を売り物にするためにやってきました。ある者は、弁舌の力を売り物にするためにやってきました。

6.3　ありとあらゆる種類の人間が、徳にも悪徳にも高値をつけてくれるこの都に、こぞって集まってきたのです。それらすべての人々を、名前を呼んでこちらに来させ、ひとりひとりに、「故郷はどこか」と尋ねてごらんなさい。あなたは見いだすことでしょう。その大半は、自分の生まれ故郷を離れて、この都にやってきた人たちなのです。たしかに、この都はとても大きく、とても美しい。しかし、それは自分の属する場所ではないのです。

6.4　それでは、いわば〈万人共有の都市〉ともいいうるこの都から離れて、ほかのすべての都市を巡ってみてください。どの都市でも、その人口の大部分は、外からやってきた人たちです。

　これらの都市は、気候のよさや、土地の利便性ゆえに、たくさんの人々を呼び集めます。それでは、そのような都市から離れて、今度は、荒れ果てた土地や、岩場だらけの島々をよく調べてみてください。たとえば、スキアトス島、セリフォス島、ギュアロス島、コッスラ島などです。[3]すると、あなたは、およそこうした流刑の地というものは、ひとが心から住み続けたいと思うような場所ではないのだということを見いだすでしょう。

この岩だらけの島[4]くらい丸裸の土地が、ほかにありましょうか。いたるところ絶壁だらけの土地が、ほかにありましょうか。資源についていえば、これほど不毛の土地が、ほかにありましょうか。人についていえば、これほど野蛮な土地が、ほかにありましょうか。地形についていえば、これほどでこぼこした土地が、ほかにありましょうか。気候についていえば、これほど厳しい土地が、ほかにありましょうか。

ところが、そんな土地でも、そこで生まれ育った住人よりもたくさんの人々が、よそからやってきて住んでいます。ですから、住む場所が変わること自体は、それほど辛いものではないのです。こんな土地にすら、生まれ故郷を離れて移り住んでくる人がいるわけですからね。

6.5

※

6.6 ある人たちは、次のように述べています。——人間の精神には、居場所を変え、住居を移そうとする、なんらかの生まれつきの衝動が内在している。人間は、たえず動き静止することのない心を与えられたのだ。それは、じっとしていることはなく、あらゆる方向に向かっていく。既知のものでも未知のものでも、あらゆるものに思いを巡らせる。そして、あちこち動き回り、停滞を嫌悪し、新しいものを喜ぶのであると。

6.7 以上の見解は、人間の精神の起源を考えれば、驚くべきものではありません。精神とは、土のような重い物体から合成されたものではなく、天界に存在するあの気体[5]が地上に降りてきたものです。そして、天界にあるものは、その本性上、つねに動いています。とてつもない速さで運動し、遠ざかっていくのです。世界を照らす星々を見

3　いずれも地中海の島で、流刑地であった。
4　セネカの流刑地であるコルシカ島のこと。
5　火と空気から合成され、理性的な力を内在させた気体スピリトゥス（ギリシャ語ではプネウマ）のこと。

てください。静止した星など、ひとつもありません。太陽だってそうです。それは、たえず滑るように場所を移動させています。太陽は宇宙と一緒に回転していますが、にもかかわらず、その運動の方向は、天空そのものの運動とは逆向きなのです。太陽は、黄道帯のすべての星座を巡り、決して静止することがありません。その運動は永遠であり、ひとつの場所から別の場所へと移動し続けているのです。

6.8 このように、すべての天体は、つねに回転し、移動しています。必然的な自然法則の支配に従い、ひとつの場所から別の場所へと運ばれていき、一定の年月をかけてその軌道を巡り終えると、ふたたび同じ軌道に戻っていくのです。さあ、どうでしょう。人間の精神もまた、「天界に存在する」神聖なものと同じ構成要素から作られています。そんな人間の精神が、移動や移住を嫌がると考えるのは、おかしな話ではないでしょうか。じっさい、神の本性を持つものは、つねにすばやく居場所を変えることを喜び、それによって、その存在を維持しているわけですから。

※

7.1 それでは、天界の事象から、人間界の事象に目を移してください。あなたは、すべての民族と国民が、その居住地を変えているのを見ることでしょう。異民族が住む土地のまっただなかにギリシャ人の諸都市があるという事実は、何を意味するでしょうか。インド人やペルシャ人の間でも、マケドニア[6]の言葉が話されているのは、なぜでしょうか。

スキュティア[7]をはじめとする、野蛮で荒々しい諸部族の居住地全域を見渡してください。そこには、黒海沿岸に沿って、アカイア人[8]の諸都市が建設されているのを見ることができます。この地域では、厳しい冬がいつまでも続きます。そんな気候に似たのか、土地の人たちの気質も残忍です。しかし、そうしたことも、自分の居住地を変えようとする人々の妨げにはならないのです。

アシアには、たくさんのアテネ人が住んでいます。ミレトス[9]は、その民を四方八方に送り出し、七五もの植民都市を建設しました。下の海[10]の波が洗うイタリアの沿岸部

6　ギリシャ北部の国。アレクサンドロス大王の東方遠征で、大帝国を築いた。
7　黒海北岸の騎馬民族の国。
8　ギリシャ人のこと。
9　古代ギリシャの都市国家。

は、かつては、その全域が〈大ギリシャ〉[11]でした。アシアは、エトルリア人[12]を自分の
土地の民と主張しています。アフリカにはテュロス人が住んでおり、ヒスパニアには
フェニキア人が住んでいます。[13]ギリシャ人はガリアに侵入し、ガリア人はギリシャに
侵入しました。ピレネ山脈は、ゲルマン人の侵入を防いではくれませんでした。この
ように、人間は、あちこちをさまよう存在であり、道なき土地であろうが、見知らぬ
7.3 土地であろうが、突き進んでいきました。子どもと、妻と、よぼよぼの親を連れて、
進んでいったのです。ある者たちは、長い放浪にふりまわされたあげく、じっくりと
考えて場所を選ぶこともせずに、疲れ果てて、いちばん手近な土地に住みつきました。
ある者たちは、剣を手にとって、異国の土地の所有権を勝ち取りました。ある一族は、
未知の土地を探す途上で波に飲まれ、海の藻屑と消えました。ある一族は、「航海の
途中で」すべての物資が底をつき、漂着した土地に住みつきました。

7.4 人々が祖国を捨てて新天地を探し求める理由は、必ずしもみな同じわけではありま
せん。ある者たちは、自分の住む都市が敵によって破壊され、祖国を奪われてしまっ
たために、よその土地に追い立てられました。ある者たちは、国内の紛争によって追
い出されました。ある者たちは、人口過剰による国の負担を軽減するために、よその

土地に送り出されました。ある者たちは、疫病や、頻発する地震や、不毛な土地が持つなんらかの欠陥に耐えられずに、国を出ていきました。また、ある者たちは、〈豊穣の地〉という誇大な噂にだまされて、国を出ていきました。

このように、ひとが自分の国を出ていく理由はさまざまですが、少なくとも次の点は明白です。すなわち、だれひとり、自分の生まれた場所に留まり続けることはないのです。

7.5 人類は絶えず移動しています。この広大な世界は、日々、変化しています。新しい都市が建設され、新しい名前の国が生まれます。それまであった国は、消え去っていくか、もっと強い国に吸収されていくのです。このような国民の移動はみな、まさに国家規模の追放というべきではないでしょうか。

10 テュレニア海のこと。上の海（アドリア海）に対して、この名で呼ばれた。
11 イタリア南部の、ギリシャ人植民市が多数存在した地域。
12 イタリア中部に住んでいた先住民族。
13 フェニキア人は、地中海東岸に住んでいた民族。テュロスは、フェニキア人の都市国家。

※

7.6 もうこれ以上、あなたを長々と引き回すことはいたしません。パタウィウムを建設したアンテノル[14]や、ティベリス川のほとりにアルカディア人の王国を建設した、エウアンドロス[15]の名を挙げる必要もありません。トロイア戦争のために、勝者と敗者の区別なく、異国の地に散り散りになっていった、ディオメデス[16]のような人たちについても同様です。

7.7 もちろん、ローマ帝国も、起源をさかのぼれば、その創設者は祖国を追われた人[17]でした。彼は、征服された祖国を脱出し、わずかの生き残りを引き連れて、征服者への恐怖から、しかたなく、遠く離れた土地を探し求めて、イタリアにたどりついたのです。それからというもの、この地の民は、あらゆる地方に、どれだけたくさんの移民を送り出したことでしょう。どこであれ、ローマ人が勝利した土地には、ローマ人が住んでいます。ローマ人は、そうやって住む場所を変えることに、すすんで志願しました。老人さえもが、家の祭壇をあとに残して、海を渡る移民団に加わったのです。

7.8 もうこれ以上、例を挙げる必要もないでしょう。ですが、あとひとつだけ、今、わたしが目にしていることを付け加えることにします。すなわち、そもそも［わたしの住む］この島だって、ひんぱんに住民が変わっているのです。

時の流れに覆い隠された遠い昔のことはさておき、この島に最初に定住したのは、フォキス[18]からやってきたギリシャ人たちでした。（彼らは、現在はマッシリア[19]に住んでいます。）なぜ彼らがこの島から出ていったのかについては、よくわかりません。気候が厳しかったからかもしれませんし、強大なイタリアに近すぎたからかもしれません。あるいは、港がなかったからかもしれません。しかし、少なくとも、野蛮な先

14 アンテノルはトロイアの将軍で、トロイア陥落後、イタリアにパタウィウム（現在のパドヴァ）を建設した。

15 エウアンドロスは、ギリシャのアルカディア地方の英雄で、イタリアにローマの前身となる都市を建設した。

16 トロイア戦争におけるギリシャ側の英雄。

17 トロイアの王子アエネアスのこと。

18 ギリシャのイオニア地方の都市国家フォカイアのことだと思われる。

19 地中海沿岸の都市で、現在のマルセイユ。

住民がいたからではなかったはずです。この点は、ギリシャ人が、当時もっとも凶暴
で野蛮であったガリアの部族の居住地域に移り住んでいるという事実から明らかです。
続いて、リグリア人[20]たちがこの島に移り住み、その後、ヒスパニア人たちも移り住 7.9
んできました。後者については、生活習慣の類似から明らかです。というのも、この
島の人々が身につけている被り物と履き物は、［ヒスパニアに住む］カンタブリア人と
同じ種類のものなのです。また、語彙についても同様ですが、類似は一部の語彙に限
られています。というのも、彼らの言語全体が、ギリシャ人やリグリア人との交流に
よって、祖国の言葉から変化してしまったからです。
　その後、さらに、ローマ市民からなる二つの移民団が送られてきました。ひとつは
マリウスの送った移民団であり、もうひとつはスッラの送った移民団です。[21]この不毛
で、茨の生い茂る、岩だらけの島の住人は、かくもひんぱんに変わっていったのです。
ようするに、いまだに最初の住民が暮らし続けているような土地は、ほとんどない 7.10
のだということがおわかりでしょう。すべては混ぜ合わされ、なにかが付け加えられ
ているのです。ある人が、別の人に取って代わりました。ある人が嫌悪したものを、
別の人が欲しました。ある人はだれかを追い出しましたが、今度は自分がそこから追

い出されました。このように、なにものも、永遠に同じ場所に留まり続けることはありません。それが、運命の定めた掟なのです。

※

8.1 追放に伴うほかの不都合はさておき、住む場所が変わるということに問題を限定すれば、ローマ人の中で最も優れた学者であるウァッロ[22]は、効果的な治療薬があると考えています。すなわちそれは、われわれは、どこに行こうとも、同じ自然を享受できるという事実です。また、マルクス・ブルートゥス[23]は、追放の地に赴く者には、自分の徳を携えていくことが許されており、それだけで十分だと考えています。

8.2 これらの考えは、単独では、追放された者をなぐさめる効果は少ないと考える人もいるでしょう。ですが、そんな人でも、ふたつをひとつに合わせれば、きわめて大き

---

20 イタリアの北方に住んでいた原住民族。
21 マリウス（79頁注68参照）とスッラは、紀元前二世紀のローマの将軍。
22 ローマの学者（紀元前一世紀）。
23 ローマの政治家（紀元前一世紀）。

な力を持つと認めてくれることでしょう。じっさい、われわれの失うものは、なんと少ないことでしょうか。われわれがどこに行こうとも、最も美しいふたつのものが、われわれについてきてくれるのですから。——すなわち、万人に共通の自然と、各人に固有の徳が。

8.3 わたしを信じてください。このことは、この世界の創造者が配慮してくれたことな
のです。この世界の創造者は、全能の神かもしれません。あるいは、この［世界とい
う］巨大な作品の製作にあたった非物体的な理性かもしれません[24]。あるいは、最大の
ものから最小のものにまで、万物に同一の圧力で浸透している神聖な気体[25]かもしれま
せん。あるいは、運命——すなわち、固く結び合わされた不変の因果連鎖——である
かもしれません。しかし、それが何であったとしても、この世界の創造者は、まった
く無価値なものでもないかぎり、なにものも他人の勝手にはできないように配慮して
8.4 くださったのだと、わたしは言っているのです。ですから、人間にとって最も価値あ
るものは、それがいかなるものであれ、人間の自由にはできません。与えることも、
奪うこともできないのです。

この世界は、自然が生み出したものの中で、最も偉大で、最も美しいものです。そ

して、人間の精神は、この世界の観察者にして賛美者であり、この世界の最も偉大な一部です。それは、われわれだけの永遠の所有物であり、われわれが存続し続けるかぎり、われわれと共にあるのです。

8.5 ですから、元気を出して、まっすぐに立ちましょう。どこに行く事情が生じたとしても、なにものも恐れぬ足どりで前進し、どんな土地でも通り過ぎていくのです。この世界の中には、追放という事態などありえません。なぜなら、この世界の中には、人間に無関係なものなど、なにもないのですから。

8.6 地上のどこから天空を見上げようが、神々と人間の間の距離は同じです。だとしたら、決して見飽きることのないその［天空の］光景から、自分の目を逸らさないようにしていればよいのです。太陽と月を仰ぎ見ていられればよいのです。ほかの星々をじっと見つめていられればよいのです。天体の出入りや、周期や、あるいは運行の速

24 理性（ラティオ、ギリシャ語ではロゴス）とは、自然世界に内在し、世界を秩序づけている理法のこと。

25 スピリトゥス（109頁注5参照）のこと。

度が速くなったり遅くなったりする原因を探求できればよいのです。夜に輝くすべての星々を観察できればよいのです。（すなわち、星々には、［極点にあって］動かないものもありますし、大きな軌道を描かずに、自分の［小さな］軌道内を巡るものもあります。また、さらには、［新星のように］突然輝きだすものや、［流星のように］火を撒き散らして、まばゆい光を発しながら落下していくように見えるものや、あるいは、［彗星のように］長い尾を引いて、明るく光りながら流れ去っていくものもあるのです。）そして、そのようにして、わたしがこれらの諸天体と、人間に許される範囲で交流できればよいのです。わたしが自分の精神をつねに高いところに向け、自分と同類のものを見ていられればよいのです。——以上のようなことをしているかぎり、わたしがどこに立っていようが、わたしには、どうでもよいことではありませんか。

9.1 **貧困は悪ではなく、精神のありかたのほうが大切である**

［ですが、次のような反論があるかもしれません。］「しかし、［セネカの住む］この土地は別だ。ここには、実のなる木も、葉の生い茂る木も、豊かに生えてはいない。船の通れる大きな水路もない。ほかの国の人々が欲しがるようなものは、なにも生み出さ

ない。住民を養える程度の、わずかな実りしかない。ここでは、高価な石が切り出されることも、金と銀の鉱脈が掘り出されることもない」

9.2 ですが、そんな世俗的なものを喜ぶのは、心が狭い証拠です。むしろ、精神は、あらゆるところに平等に姿を現わし、あらゆるところで平等に光り輝く、あの「天にある」もののほうへと向かわねばなりません。

それに、次の点も考えに入れるべきでしょう。すなわち、世俗的なものは「善に対する」偽りの歪んだ考えを抱かせますから、本当によいものを手に入れる妨げになるのです。回廊を長くすればするほど、塔を高くすればするほど、別荘を広くすればするほど、避暑のための地下室を深くすればするほど、食堂の屋根を大きくすればするほど、それだけ天空は人々から覆い隠されてしまうことでしょう。

9.3 あなたが、ある事情から、ある土地に追放されたとします。そこでは、ほったて小屋が最も豪華な住居でした。そして、あなたはロムルスの小屋[26]のことを知っており、それゆえに、その境遇に勇敢に耐えたとします。ですが、その場合、あなたはちっぽ

26 ローマのパラティウムにあった藁葺きの小屋で、建国者ロムルスの家と見なされていた。

けな精神の持ち主であり、卑屈に自分をなぐさめているにすぎません。

むしろ、あなたは、次のように言うべきなのです。「この粗末なあばら屋でも、きっと、いろいろな徳を受け入れてくれるはずだ。そうなれば、ここはどんな神殿よりも立派な場所になるだろう。ここに正義が姿を現わす。節度が姿を現わす。英知と敬虔が姿を現わす。すべての義務を正しく割りふる理性が姿を現わす。人間と神々をめぐる知識が姿を現わす。これだけたくさんの偉大な徳を受け入れている場所が、狭いわけがない。この徳の一団を引き連れて赴くことを許された追放が、辛いわけがない」

※

9.4
ブルートゥスは、『徳について』という本の中で、こう述べています――自分は、ミュティレネ[27]で亡命生活を送るマルケルス[28]に会った。彼は、人間の身にはこれ以上は許されないだろうというくらい幸福に暮らしていて、そのときほど、学問への情熱に満ちていたときはなかった。それゆえ（とブルートゥスは付け加えています）、異郷の地に残される彼よりも、彼を残して帰国する自分のほうが、異郷の地に追放されるかのようであったと。

9.5 マルケルスは、異郷での追放の生活をブルートゥスに賞賛されたときのほうが、執政官として国家に賞賛されたときよりも幸福だったのです。なんという人物でしょう。何者かが、追放された者のもとを立ち去るときに、自分のほうが追放されたと思わせたのですから。ブルートゥスは、身内のカトー[29]さえもがほめたたえた人物です。その彼を驚嘆させるとは、なんという人物でしょうか。

9.6 ブルートゥスはさらに、次のように述べています——ガイウス・カエサル[30]は、ミュティレネに寄港せずに素通りした。それは、この人物が不名誉な目にあっている姿を見るに忍びなかったからであると。

その後、元老院が公式に［カエサルに］請願して、マルケルスの帰国が許されることになりました。そのとき、元老院は不安で悲しげな空気に満ち、みなあの日のブ

---

27 エーゲ海のレスボス島の都市。

28 紀元前一世紀のローマの政治家。カエサルと対立し、一時ギリシャに逃れていた。

29 ブルートゥスの叔父で、紀元前一世紀のローマの政治家、小カトーのこと。

30 ローマの政治家（紀元前一世紀）。

ルートゥスと同じ気持ちでいるように見えました。そして、もしマルケルスがそこにいなければ、自分たちこそ追放の身ではないかと恐れて、彼のためというよりは、自分たちのために請願をしたかのようだったのです。もっとも、マルケルスは、それよりもはるかに偉大なことを、すでにあの日に、なしとげていたのだといえましょう。すなわち、ブルートゥスが、追放されたこの人物を残していくことに耐えられず、またカエサルがこの人物を見ることに耐えられなかったあの日にです。というのも、両人とも、彼のために証言しているではありませんか。ブルートゥスはマルケルスを連れずに帰国することに苦しみを感じ、カエサルは恥じたのですから。

これほどの大人物であるマルケルスが、異郷での追放生活に心静かに耐えるために、しばしば自分をこう励ましていたことを疑えましょうか――

「祖国がないことは、不幸なことではない。おまえは、学問に没頭してきたのだから、知っているだろう。賢者にとっては、あらゆる場所が祖国なのだ。

それに、どうだろう。おまえを追放したあの男［カエサル］のことだ。あの男だって、すでに十年もの間、ずっと祖国を失っていたではないか。[31] たしかに、それは帝国の拡大のためであった。だが、彼が祖国を失っていたことに変わりはあるまい。

みよ、その彼を、今、戦争再発の危険に満ちたアフリカが引き寄せる。[32] 次には、ヒスパニアが引き寄せる。(そこでは、一度は敗れて弱体化した敵たちが、再び力を盛り返していたのだ。[33]) 次には、信用のおけないエジプト[34]が引き寄せる。——ようするに、揺れ動く帝国を攻撃する機会をつけねらって、全世界が彼を引き寄せるのだ。彼はまずどの問題に対処するだろうか。どの方面に戦線を展開するだろうか。彼は勝利を重ねながら、世界中を駆け巡ることだろう。世界中の民が彼を仰ぎ見るなら、そうさせておけ。おまえは、ブルートゥスの賛美に満足して生きるのだ」

31　カエサルは、ガリアの総督となってから、ルビコン川を越えてポンペイウスとの内戦に入るまで、長くローマを離れていた。
32　カエサルは、ローマ制圧後、アフリカを拠点に抵抗する勢力を打ち破った。
33　ポンペイウスが敗れたあと、息子のポンペイウスは、ヒスパニアで軍を立て直し、抵抗した。(33頁注24参照)
34　戦いに敗れ、アレクサンドリアに逃れたポンペイウスは、エジプト王プトレマイオス13世の計略によって暗殺された。(『人生の短さについて』13・7参照)

※

10.1 こうして、マルケルスは、異郷での追放生活を立派に耐えました。住む場所が変わることには貧困も伴いましたが、それが彼の心を変えることは少しもありませんでした。じっさい、貧困はなんら悪いものではありません。そんなことは、すべてを破壊する強欲と贅沢によって、狂ってしまった人でもないかぎり、だれにでもわかることです。人間が自分を維持するために必要なものは、じつにわずかです。ですから、少しでも能力のある人間なら、そのようなものに不自由することなど、ありはしないのです。

10.2 わたしについていえば、自分が失ったのは、財産ではなく、むしろ多忙なのだと思っています。それに、わたしの体が必要とするものは、ごくわずかです。すなわち、それが求めるのは、寒さを防ぐことと、食べ物で飢えと渇きをしのぐことくらいのものなのです。もし、それ以上のものを欲するようなことがあれば、われわれは、必要ゆえではなく、悪徳ゆえにそうしているのです。

あらゆる海を探し回ることも、動物を殺して腹を満たすことも、さいはての海に産する貝を、名も知れぬ浜辺で掘り出すことも必要ありません。神々よ、そして女神たちよ。ねたましいほどに広大な帝国の境界までも踏み越えて、贅沢を追い求めるあの連中に、破滅を与えたまえ。彼らはファシス川[35]を越えて獲物を追い求め、これ見よがしの豪華な食卓を飾ろうとします。また、彼らは、われわれがまだ報復を果たせていないパルティア人[36]から、恥ずかしげもなく、鳥を買い求めています。

彼らのわがままな食道のために、あらゆる有名食材が、いたるところから集められます。ですが、さいはての海から食材が運ばれてきても、彼らの胃袋は美食によって弱められ、食べ物をほとんど受けつけません。だから彼らは、食べるために嘔吐し、嘔吐するために食べます。[37]彼らは、全世界から探し集められたごちそうを、消化すらしてくださらないわけです。

10.3 このような贅沢を軽蔑している人であれば、貧困は決して害にはなりません。では、

35　黒海の東を流れる川。
36　パルティアとはメソポタミア地方の国で、ローマはこの地に遠征したが、敗北した。
37　古代ローマの宴会では、満腹になると、吐き戻して宴会を続ける金持ちもいたという。

このような贅沢を欲している人ならどうでしょう。じつは、そのような人にとっても、貧しさは有益なのです。なぜなら、嫌がる本人を、むりやり治療してくれるのですから。では、その人が強制的な治療を受けつけなかったら、どうでしょう。その場合でも、一時的な効果はあるのです。贅沢がしたくてもできない以上、その人は、贅沢を欲しない人と変わらないわけですから。

10.4 わたしが思いますに、自然がガイウス・カエサル［カリグラ帝］を生み出した目的は、最高の邪悪が最高の権力を手にすると、何をしでかすかを示すことにありました。それゆえ、帝はある日、一千万セステルティウス[38]もの金を費やして、食事をしたのです。そのために、帝はあらゆる方面から知恵を借りました。しかし、どうやったら、一回の晩餐で属州三つぶんもの税金を使い尽くせるのか、とうとう思い至りませんでした。

10.5 ああ、なんと哀れな人たちなのでしょう。高価な食べ物を前にしなければ、食欲もわかないとは。そもそも、食べ物を高価にしているのは、格別な味とか、口に感じるなんらかの快さといったものではありません。たんに、それが稀少で、入手が難しいからにすぎないのです。

そうではなく、もし彼らが正気に戻る気になりさえしたら、腹を満足させるためのあれだけの技術が、どうして必要となりましょうか。どうして輸入する必要がありましょうか。どうして森を荒らす必要がありましょうか。どうして海を探索する必要がありましょうか。

食べ物は、どこにでもあります。自然は、どんなところでも食べ物が手に入るようにしてくれたのです。なのに人々は、まるで盲人のように、それを見逃してしまう。そして、あらゆる土地をさまよい歩き、海を渡ります。小さな労力で空腹を静めることができるのに、大きな労力で空腹を強めるのです。

わたしは、彼らにこう言ってやりたい――

「どうして、船を出すのか。どうして、手下に武装させ、動物や人間を襲わせるのか。どうして、そんなに大騒ぎをして、駆け回っているのか。どうして、富に富を積み重ねるのか。

38 セステルティウスは、当時の貨幣の単位。一セステルティウスおよそ二一～三百円と考えればよいだろう。

おまえたちの体がどんなにちっぽけなものか、考えてみようとは思わないのか。わずかなものしか受け入れられないのに、たくさんのものを欲することは、狂気であり、精神が陥る最悪のあやまちではないか。財産をどれだけ増やそうが、地所をどれだけ広げようが、おまえたちの体は大きくはならないだろう。商売がうまくいっても、戦争でひともうけしても、狩によってあらゆる場所から食べ物をかき集めても、おまえたち［の体］には、その蓄えをしまっておく場所がないだろう。

10.7 どうして、そんなにたくさんのものを追い求めるのか。われわれの祖先を見なさい。彼らの徳は、今もなお、われわれが悪徳に染まるのを食い止めてくれる。だが、彼らの生活は決して豊かではなかったのだ。彼らは、自分の手で食べ物を集め、地べたで寝ていた。彼らの家の天井は、金で輝いてはいなかった。彼らの神殿は、宝石できらめいてはいなかった。当時の人々は、土で作られた神々の像に、おごそかな誓いを立てた。そして、神々に祈りを捧げると、誓いを破らぬよう、死ぬとわかっていても、敵のもとに戻っていったのだ。[39]

10.8 われらが独裁官[40]も、それほど豊かな生活を送ってはいなかった。彼は、かまどに立って、安い食材を自分の手で料理しながら、サムニウム人の使節の話を聞いたのだ。[41]

その手はまさに、すでに幾度も敵を打ち倒し、カピトリウム[42]のユピテル像のひざに［勝利のあかしである］月桂樹の枝を献じた手であった。――そう、たしかに彼の生活は、アピキウス[43]よりも貧しかったのだ。この人物については、まだ記憶に新しい。あのころ、ローマの都では、哲学者たちが、若者を堕落させる存在として追放されたことがあった。そんな街で、この人物は料理術の教師となり、その教えで一世を風靡したのであった」

39 紀元前三世紀のローマの政治家レグルスは、カルタゴの捕虜となり、和平交渉のためにローマに送られたが、和平の拒絶をローマに進言してカルタゴに戻り、拷問の末、殺された。
40 紀元前三世紀のローマの政治家クリウス・デンタトゥスのこと。独裁官とは、国家の非常時にのみ任命される、強い権力を持つ政務官。
41 サムニウム人とはイタリア中部に住んでいた部族。サムニウム人はデンタトゥスに多額の賄賂を渡そうとしたが、拒絶された。
42 ローマの七つの丘のひとつで、ユピテル神の神殿があった。
43 ローマの貴族で、著名な美食家（紀元前一世紀）。『料理帖』の著者。

※

10.9 ところで、このアピキウスの末路については、知っておいて損はありません。この男は、調理場［で調理される宴会のごちそう］のために、一億セステルティウスもの金をつぎ込みました。そして、毎回の宴会に、皇帝の恩賞金とか、カピトリウムの国庫に収められたばく大な税金に匹敵する金を、食い尽くしたのです。その結果、彼は借金で首が回らなくなり、そのときはじめて、しかたなく自分の帳簿を調べてみました。計算すると、手元に残る額は一千万セステルティウスでした。すると彼は、一千万セステルティウスで生活すれば、最悪の飢餓に苦しみながら生きることになるといわんばかりに、毒を飲んで命を絶ったのです。

10.10 まったく、一千万セステルティウスが極貧を意味するとは、なんという贅沢でしょう。いやはや、なんとも。だって、考えてもみなさい。お金の額がなによりも重要で、心のありかたは二の次だというのですよ。

ひとりの人間が、一千万セステルティウスに恐れをなしました。ほかの人間なら、欲しくて神に祈るというのに、この男は毒を飲んで逃げ出したのです。ですが、この最後の飲み物は、これほど心がねじくれた人間にとっては、最も健康によいものでした。むしろ、あの頃にこそ、彼は、ほんとうの毒を飲み食いしていたのだといえましょう。というのも、そのころ彼は、盛大な宴会を楽しむだけでなく、それを自慢し、自分の悪徳を見せびらかし、国民に自分の贅沢をひけらかし、そして、若者をそそのかして、自分のまねをさせていたのですから。(じっさい、若者というものは、悪い見本などなくても、ひとりでに学んでしまうものですからね。)

理性に従っていれば、富がこんな使われ方をすることはありません。理性は明確な限度を持っているからです。しかし、悪しき習慣に従っていると、そうなってしまいます。というのも、その気まぐれには限度がなく、つかみどころがないのですから。

欲望は、決して満足しません。しかし、自然は、わずかなものでも満足します。ですから、追放された者の貧困は、辛いものではありません。なぜなら、いかに追放の地といえども、ひとりの人間も養えないほど貧しい土地などないのですから。

※

「だが、追放の身になれば、［食べ物はともかく］衣服や家には不自由するだろう」

［と反論する人がいるかもしれません。］

ですが、これらについても、ほんとうに必要なものだけでいいのです。ですから、
彼が家や服に不自由することはないでしょう。体を養うのにわずかなもので足りるよ
うに、体を包むにもわずかなもので足りるからです。自然は、人間が生きるための必
需品は、苦労しなくても手に入るようにしてくれたのです。
11.2 では、貝をふんだんに使って紫に染めあげ、金の糸を織り込み、たくさんの色の模
様で飾られた服を欲しがる人がいたらどうでしょう。――そんな人が自分を貧しいと
思っても、それは自然が悪いのではなく、自分が悪いのです。

そんな人間には、失ったものをすべて返してやっても、なんの意味もありません。
というのも、もとの状態に戻れば、もっとたくさんのものが欲しくなり、追放によっ
て持ち物に不足していたときよりも、大きな不足が生じてしまうからです。

11.3 それなのに、ひとは、金の器で輝く家具や、昔の有名作家の銘で名高い銀の器を欲
しがります。少数の熱狂的な愛好家のせいで値段が高騰した青銅の器を欲しがります。
どんなに大きな家にも入りきらない、奴隷の群れを欲しがります。むりやり餌を詰め
込まれて肥え太った家畜を欲しがります。世界中の大理石を欲しがります。ですが、

そんなものを集めてみても、満足を知らぬ精神は、決して満たされません。たとえるなら、ある人の渇きを癒そうとしても、その欲求が、水分の欠乏からではなく、体内の燃えるような熱から生じたものであれば、どれだけ水を与えても、満たされないのと同じです。なぜなら、それは渇きではなく、病気なのですから。

11.4　これは、なにもお金や食べ物にかぎった話ではありません。欠乏ではなく欠陥から生じる欲望は、すべて同じ特徴を持っています。与えても、与えても、そのような欲望が終りを迎えることはありません。たんにレベルが上がるだけなのです。

それゆえ、自然の定めた限度のうちに自分を留める人が、貧困を感じることはないでしょう。それに対して、自然の定めた限度を踏み越えるなら、いかに裕福であっても、その人には貧困がつきまとうことでしょう。なくてはならぬものは、追放の地にも十分にあります。なくてもよいものは、王国にも十分にはありません。

11.5　精神こそが、われわれを豊かにしてくれるのです。精神は、追放の地にも、荒れ果てた原野にもついてきてくれます。そして、体を維持するのに十分なものを見つけだしてくれるのです。そのとき、精神の内部には、自分自身のさまざまなよき性質が満ちあふれ、精神はそれを楽しんでいます。そんな精神に、お金は無縁です。それは、不死なる神々にお金が無縁なのと同じなのです。

11.6 過度に身体の言いなりになっている未熟な知性が賛美するもの——たとえば大理石、金と銀の器、磨かれた大きな円卓——は、みな地上の重荷です。精神が純粋で、自分の本性を忘れていないなら、そんなものを愛することはありえません。精神自体は軽く、重い衣もまとっていません。ですから、体から解放されるときがくれば、すばやく天に舞い上がっていくことでしょう。ですが、精神が地上にあるうちは、五体の妨害や、精神をとりまくこうした重荷にさらされます。ですから、精神は、そのような状況でも許されるかぎりで、軽快に空を舞うような思考を使って、神の世界の事象を見渡しているのです。

11.7 ですから、精神が追放されることは、決してありません。精神は自由で、神々の同類ですから、あらゆる世界と時代に等しく適合するのです。なぜなら、その思考は世界全体を包み込み、過去と未来のすべての時間に向かっていくのですから。

この小さな体は、精神を縛りつける牢獄であり、右に左に激しく揺すぶられます。拷問や、略奪や、病気が、この体を悩ませるのです。しかし、これに対して、神聖にして永遠である精神に、暴力を振るうことはできません。

※

12.1 貧困は、辛いと思わなければ、だれも辛く感じません。ですが、それは、わたしが貧困のさまざまな不都合を軽く見せたからにすぎず、そのために、わたしは賢者たちの教えを利用したのだ、などと思われては困ります。ですから、まずは考えてみていただきたいのです。この世界の大部分は、貧しい人々で占められています。ところが、あなたはお気づきになるでしょうが、彼らは、裕福な人々に比べて、悲しそうでも不安そうでもありません。それどころか、もしかしたら、心を悩ませるものが少ないぶん、彼らのほうが、幸せな気持ちでいるかもしれないのです。

12.2 では、次に、金持ちのほうに目を移してみましょう。彼らが貧乏人のようになる場面が、なんと多いことでしょうか。外国を旅行するときには、荷物を減らします。どうしても旅を急がなければならないときには、従者の群れを帰らせます。軍務につくときには、軍規によってあらゆる贅沢が禁じられていますから、自分の財産のきわめて小さな部分しか持っていくことができません。

12.3 金持ちが、貧乏人のようにものを持たない状態になるのは、なにもこのような特別な時と場所においてばかりではありません。彼らは、贅沢な生活に飽きると、金や銀の器を遠ざけ、地べたで土器を使って食事をする日を、幾日か設けるのです。まったく、どうかしています。いつも恐れているものが、ときどき猛烈に欲しくなるというのですから。ああ、なんという心の暗愚と、なんという真実への無知が、彼らの日をくもらせているのでしょう。楽しみのために、貧乏の真似事をするとは。

12.4 わたしは、古事をかえりみるたびに、貧しさをなぐさめることを恥ずかしく思うのです。というのも、この時代の贅沢は、すでに来るところまで来ていて、追放される者が携えていけるお金は、昔の有力な市民の資産よりも多いのですから。

よく知られたことですが、ホメロスには召使がひとりしかいませんでした。プラトン[44]の召使は三人でした。そしてゼノン——厳しくて男らしいストア派の哲学の創始者です——にはひとりの召使もいませんでした。ですが、それゆえに彼らの生活は不幸だったと言う人がいるでしょうか。もしそんな人がいたら、その人のほうこそ、みなから、こう思われることでしょう——そんなことを言うなんて、なんと哀れなやつなのだろうかと。

12.5 メネニウス・アグリッパ[45]は、貴族と平民の対立を調停し、国家の平和に寄与した人物ですが、その葬儀は、人々から募って集めたお金でおこなわれました。アティリウス・レグルスは、アフリカでカルタゴ人を追撃していたときに、元老院に手紙を送りました。彼の雇っていた男が逃げ出して、農場の管理を放棄したというのです。すると元老院は、レグルスが不在の間は、国が農場の面倒を見るという決定を下しました。これは、レグルスに奴隷を所有するだけの財力がなかったから、代わりにローマ市民が、彼の小作人になってやったということではないでしょうか。[46]スキピオ[47]の娘たちは、結婚に必要な持参金を、国庫から受け取りました。というのも、父親は彼女たちになんの財産も残さなかったからです。じっさい、ローマ市民は、いちどは、スキピオに貢ぎ物をしてもよかったのです。というのも、スキピオは、い

44 古代ギリシャの哲学者（紀元前四世紀）。
45 ローマの政治家（紀元前五世紀）。
46 レグルスについては、131頁注39を参照。レグルスは、不在中の農場の管理者として雇った農民が、家畜を奪って逃亡したため、農地経営に行き詰った。彼は、元老院に任務を解くように要請したが、元老院は認めず、代わりに、生じた損害を国庫で負担する決議をした。
47 紀元前三世紀のローマの軍人・政治家であるスキピオ・アフリカヌス（大スキピオ）のこと。

つでも、カルタゴから貢ぎ物を取り立てていたのですから。スキピオの娘たちの夫は、なんと幸せなのでしょう。ローマ市民が義理の父親になったのですから。あなたは、百万セステルティウスの持参金を携えて結婚する踊り子の父親のほうが、スキピオよりも幸せだと思いますか。スキピオの子どもたちは、後見人である元老院から、結婚に必要な持参金として、ずっしりと重い銅貨を受け取ったのですよ。

12.7 　貧困の系譜とは、かくも輝かしいものなのです。なのに、だれが貧困を軽蔑するというのでしょう。一介の追放された男が、不足があるなどと不満を言えるでしょうか。スキピオには持参金がありませんでした。レグルスには雇い人がありませんでした。メネニウスには葬儀の費用がありませんでした。ですが、そのような不足は、まさに不足しているがゆえに、よりいっそうの尊敬と共に、彼ら全員に補われたのです。

　そういうわけで、このような人たちが弁護をしてくれますから、貧困は危険にさらされないどころか、尊敬さえしてもらえるのです。

徳があれば恥辱にもたえることができる

13.1 　次のような反論があるかもしれません。

「どうして、そのようないろいろな側面を、わざとらしく区別して論じるのか。たしかに、それらは、個々別々になら耐えることもできるだろう。だが、一緒になったら耐えることなどできないのだ。たしかに、住む場所が変わることに耐えることはできるだろう。ただしそれは、たんに場所が変わるだけならの話だ。たしかに、貧困に耐えることはできるだろう。ただしそれは、そこに恥辱が伴わなければの話だ。じっさい、恥辱だけでも、心を重く圧迫するものなのに」

13.2 　このように、災いを束にして、わたしを脅迫する人に対しては、次のような言葉で答えることになりましょう。

「運命のどれかひとつの部分に立ち向かう十分な強さを持っているなら、その人は、運命のすべての部分に立ち向かう強さを持つであろう。徳というものは、ひとたび精神を強いものにすれば、それをあらゆる面で傷つけられないものにすることができるのだ。

13.3 　もしきみが、人類にとって最も悩ましい災厄である貪欲から自由になることができれば、野心はもうきみの邪魔をしないだろう。もしきみが、最期の日を、罰ではなく自然の定めとみなし、その心から死の恐れを追い出すなら、もうきみの心の中には、いかなる恐れも入り込もうとはしないだろう。もしきみが、人間に性欲が与えられたのは、快楽のためではなく、種の存続のためだとみなすなら、きみは肉体の深部に潜むこの災いから自由になれる。そうすれば、それ以外のすべての欲望も、きみに手を触れることなく、素通りしていくことだろう。理性は、悪徳をひとつひとつ打ち倒していくのではない。すべてを一緒に打ち倒すのである。ただ一度の全面的勝利あるのみなのだ」

※

13.4 賢者とは、自分だけを頼りとし、大衆の見解からは距離を置く存在です。いやしくも、そんな賢者が、恥辱に心を動かされるとお思いですか。

そんな恥辱よりも、さらに恐ろしいのが、恥辱に満ちた死です。ですが、ソクラテスをごらんなさい。彼は、かつてたったひとりで三十人の独裁者たちの出すぎたふるまいをたしなめたときと変わらぬ顔つきで、牢獄に入っていきました[48]。そして、その場所から恥辱を追い出してしまったのです。というのも、ソクラテスのいる場所は、とても牢獄には見えなかったのですから。

13.5 マルクス・カトー[49]は、法務官と執政官の職に二度落選しています。ですが、その落選を恥辱だと思うほど、真実を見る目の曇った者がいるでしょうか。じっさい、恥辱を受けたのは、むしろ法務官と執政官の職のほうなのです。なぜなら、それらの職は、カトーが就任してこそ、名誉あるものになったのですから。

13.6 自分自身に軽蔑されるようなことをしなければ、だれも、他人に軽蔑されることはないのです。卑屈で賤しい精神であれば、そのような侮辱を受けやすいでしょう。しかし、きわめて過酷な不運に見舞われても、自分をふるい立たせ、ほかの人間なら押しつぶされてしまうような災いに打ち勝つことのできる人は違います。悲惨さそのものが、いわば聖者の証しとなるのです。というのも、われわれ人間の心は、悲惨な状況の中で力強く耐える人に、最も深く感動するようにできているのですから。

13.7 アテネで、アリスティデスが処刑場に引かれていったときの話です[50]。そのとき、彼

---

48 ソクラテスは、アテネの敗戦後に誕生した独裁政権の命令に抵抗した。その後、民主政が復活すると、彼は保守派の人々から訴えられ、死刑判決を受けた。

49 123頁注29参照。

に出会った人は、だれもが目を伏せて嘆きの声をもらしました。たんに正しい人が罰せられるというだけでなく、まるで正義そのものが罰せられるかのように思えたからです。ところが、そこにひとりの男があらわれ、アリスティデスの顔につばを吐きかけたのです。アリスティデスは、怒ることもできたでしょう。というのも、きれいな口の持ち主ならだれもそんなことはしないと、わかっていたからです。しかし、彼は顔をぬぐうと、笑みを浮かべ、彼に付き添う役人にこう言ったのです。「あの男に注意をしてあげてください。もう、みっともなく大口を開けないようにと」――つまり彼は、侮辱に対して侮辱で報いたわけです。

もちろん、次のように言う人たちがいることは知っています。――侮辱ほど辛いものはなく、侮辱されるくらいなら、死んだほうがましだと思うと。ですが、そんな人たちには、追放されても、しばしば一切の侮辱を受けずにいることができるのだと答えることにしましょう。すなわち、偉大な人物が不幸な目にあって倒れたとしても、偉大さを失わなければ、侮辱されることはないのです。それはちょうど、神聖な神殿が、廃墟になっても踏みにじられることはなく、信心深い人々によって、それが建っていたときと同じように崇められるのと同じです。

悲しみの本当の理由はヘルウィア自身のうちにある

14.1 最愛なる母上。このように、あなたが、わたしのために、いつまでも涙を流し続ける理由はありません。そうすると、あなたに涙を流させている理由は、あなた自身のうちにあることになります。

考えられる理由は、二つあります。すなわち、あなたの心が動揺しているのは、［わたしから］なんらかの助けを得られなくなったと思うからか、あるいは、わたしを恋しがる気持ちそのものに耐えることができないからです。

14.2 このうち、第一の理由については、軽く触れるだけでよいでしょう。というのも、あなたの心が愛しているのは、あなたに近しい人たちそのものなのだということを、わたしはよく知っているからです。

こんな心配は、ほかの母親たちにさせておけばよいでしょう。世間には、女性によ

50　アリスティデスは、紀元前五世紀のアテネの政治家。ただし、ここで述べられている故事は、実際には紀元前四世紀のアテネの政治家フォキオンのものである。

くみられる自制心の欠如からでしょうか、子どもの力を利用しようとする母親がいます。女性は公職に就くことができないために、子どもを利用して自分の野心をなしとげようとする母親もいます。息子が相続した遺産を、使い果たしてしまう母親や、奪い取ろうとする母親もいます。さらには、息子の弁舌の力を使って、他人に便宜を図ってやり、息子を疲弊させるような母親もいるのです。

そんな母親たちとは違い、あなたは、自分の子どもたちの優れた才能に無上の喜びを感じることはあっても、それを利用することなどありませんでした。わたしたち子どもがあなたに心遣いをするとき、あなたはいつも一定の制限を設けておられましたが、ご自分の心遣いには、なんの制限も設けませんでした。あなたは、まだ実家の財産を引き継いではいなかったのに、裕福な息子たちのために、すすんで援助をしてくださいました。あなたは、わたしたちが相続した財産を管理してくださいましたが、そのさまは、自分の財産を管理するかのように熱心でありながら、他人の財産を管理するかのように慎重なものでした。あなたは、わたしたちの社会的影響力を利用することを、まるでそれが赤の他人のものであるかのように遠慮されました。ですから、わたしたちが公職に就くことによって、あなたが手にしたものといえば、喜びと出費だけだったのです。

このように、あなたの情愛が自分の利益を気にしたことなどありません。あなたは、息子が無事なとき、そんなものに関心があるとは夢にも思っていませんでした。ですから、息子が奪われたとき、そんなものを恋しがるはずがないのです。

※

それゆえ、わたしは、なぐさめのすべてを、第二の点に向けなければなりません。母を嘆き悲しませるほんとうの力は、そこから生じているのですから。「あなたの嘆きの声が聞こえてきます――」「わたしは、この手で最愛の息子を抱きしめる機会を奪われてしまった。息子の姿を見たり、話をしたりして、楽しむことができない。あの子は、どこにいるだろう。その姿を見るだけで、悲しい表情もやわらいだあの子は。わたしのどんな心配事にも、相談にのってくれたあの子は。あの語らいは、どこにあるのだろう。いつまでも飽きることのなかった、あの語らいは。あの勉学は、どこにあるのだろう。女性とは思えないほど熱心に、母親とは思えないほど親密に、共に励んだあの勉学は。あの来訪は、どこにあるのだろう。母の姿を目にしたときにいつも見せてくれた、子どものような大はしゃぎは、どこにあるのだろう」

15.2 これに加えて、あなたは、わたしたちが祝い事やパーティで楽しく過ごした、いろいろな場面の話をなさるでしょう。また、さらには、最近一緒に過ごしたときの思い出にも触れることでしょう。それは、あなたの心に激しい痛みを与えずにはおかない思い出です。というのも、運命はそこでも、あなたに冷酷な企みをしたのですから。すなわち、運命は欲したのです。わたしに破滅が訪れるわずか二日前に、あなたが心穏やかに、こんなことになろうとは夢にも思わずに、ローマを離れていくことを。[51] さいわいなことに、それまでわたしたちは、住む土地が隔たっていたために、ずっと引き離されていました。さいわいなことに、わたしが幾年もの間、あなたのそばにいなかったことが、あなたにこの災厄への準備をさせていたのです。じっさい、あなたがローマに戻られたとき、息子に再会した喜びで我を忘れるようなことはありませんでした。あなたはすでに、息子を恋しがる生活から解放されていたのです。

15.3 ですから、あなたがもっと早くローマを離れていたら、あなたは、もっと勇敢に耐えることができたでしょう。時の隔たりそのものが、恋しい気持ちを和らげてくれるからです。では、あなたがローマを離れていなかったとしたらどうでしょうか。それでも、あなたは、最後の楽しみを手にすることができたでしょう——さらに二日だけ長く、自分の息子を見ているという楽しみを。しかし現実には、残酷な運命の決定は、そのいずれとも異なるものでした。すなわち、あなたは、わたしの運命に立ち会うことも、わたしの不在に慣れっこになることもなかったのです。

15.4 ですが、事態が過酷であればあるほど、あなたは、よりたくさんの勇気に助けを求めなければなりません。あなたは、自分が熟知し、すでに何度も打ち負かしてきた敵と戦うつもりで、もっと勇猛に戦いを挑むべきなのです。今流れているその血は、傷ついたことのない体から流れ出ているのではありません。あなたは、まさしくそれらの古傷の上に、傷を負ったのです。

51 セネカが追放される以前の数年間、ヘルウィアは父親の住むヒスパニアで暮らしていた。ローマに帰国した彼女が、ヒスパニアに戻るためにローマを離れた二日後に、セネカに追放刑が下された。

女性であっても悲しみを克服することができる

16.1 あなたは、女性であることを口実にするべきではありません。たしかに、女性には、節度を越えて涙を流す権利が認められているといってもよいでしょう。しかし、いつまでも涙を流している権利は認められていないのです。だからこそ、われわれの祖先たちは、未亡人たちに、亡き夫を哀悼するための十ヶ月の期間を与えました。公的な制度を作ることによって、女性の執拗な悲しみとの妥協をはかったのです。
祖先たちは、死者への哀悼を禁止せず、むしろそこに期限を設けました。じっさい、最愛の人が亡くなったときに、終わりのない悲しみに浸るのは、愚かしくて、わがままなふるまいです。しかし、かといって、まったく悲しまないのも、人間味を欠いた冷酷なふるまいでしょう。ですから、最善の策は、愛情と理性をほどよく混ぜ合わせること、すなわち、愛惜の気持ちを抱きつつ、同時にそれを抑制することなのです。

16.2 ひとたび悲しみに捕らわれると、死ぬまで悲しみの終わらない女性たちがいます。(亡くなった息子のためにまとった喪服を、決して脱ごうとしなかった女性たちのことは、あなたもご存知でしょう。)しかし、あなたは、そんな女性をみならうべきではありません。あなたの人生は、そのはじまりから過酷なものであり、なみなみならぬ要求を、あなたに突きつけてきます。女性の持つあらゆる欠点から無縁な人が、自分は女性だからと言い訳することはできません。

この時代の最大の悪徳である不貞も、あなたを多くの女性たちの仲間にすることはありませんでした。宝石も真珠も、あなたの心を動かしはしませんでした。富が、まるで人類の最大の善であるかのように、あなたの前で輝くこともありませんでした。あなたは、歴史のある厳格な家庭で、立派な教育を受けました。ですから、悪い女のまねごと——良家の子女でもそんなことをすれば危険です——をして、道を踏み外すようなこともありませんでした。あなたは、たくさんの子どもを産みました[52]。子どもを産めばいろいろと言われるような年齢になっても、あなたは、子どもを産むことを決して恥じませんでした。ほかの女性たちは自分の外見ばかり気にして、ふくらんだお腹を、まるで見苦しい荷物であるかのように隠します。しかし、あなたは、決して

52 ヘルウィアの子どもとして知られているのは三人の息子だけだが、ここでの記述から、彼女が他にも多くの子どもを産んでいたことがわかる。

16.3

そのようなことはなさいませんでした。また、あなたのお腹に宿した子どもたちの未
来を、摘み取るようなまねもなさいませんでした。あなたは、けばけばしい化粧で、 16.4
自分の顔を汚すようなことはなさいませんでした。あなたは、着てもほとんど裸と変
わらないような、薄い衣装は決して好まれませんでした。あなたが身に着けていた唯
一の飾りは、幾つになろうとも、このうえなく美しく、最大の誉れと映るもの、すな
わち貞節でありました。
　そんなあなただからこそ、嘆き悲しむための口実として、女性という言葉を持ち出 16.5
すことはできません。あなたのさまざまな美徳が、あなたをその言葉から引き離すの
です。あなたは、女性の持つさまざまな欠点とは無縁です。だとしたら、女性の涙と
も無縁でなければなりません。

※

　あなたが自分の傷によって衰弱していくのを放ってはおかない女性たちが、たしかに存在しています。彼女たちは、あなたに、あらがいがたい悲しみから早く抜け出して、立ち直るよう命じることでしょう。あなたは、そのような女性たちを見習おうと

するだけでよいのです。彼女たちは、目を見張る美徳ゆえに、偉大な男性たちに並び称される女性たちなのですから。

コルネリア[53]を見てください。彼女は、十二人の子どもに恵まれましたが、運命は、それを二人にまで減らしてしまいました。コルネリアのおこなった葬儀を数えてみてください。彼女は十人もの子どもを失いました。その損害を査定してみてください。彼女はグラックス兄弟[54]を失ったのです。

彼女の周囲の人たちは、泣きわめいて、彼女の運命を呪いました。ところが、彼女は、彼らにこう言ったのです――運命を責めてはいけない。グラックス兄弟という息子たちを自分に与えてくれたのも、運命なのだからと。

このような女性から生まれた子にふさわしく、息子のほうも、ある集会で、「おまえは、わたしを産んでくれた母の悪口を言うつもりか」という発言をしています。で

53　紀元前二世紀の著名な貴婦人。スキピオの娘で、政治家のグラックスの妻となった。
54　コルネリアの息子で、兄ティベリウスと弟ガイウスの兄弟。兄は農民を保護する改革をおこなったが、暗殺された。弟も、兄の遺志をついで改革を実行したが、最後は自殺に追い込まれた（33頁注27参照）。

すが、わたしには、母親の言葉のほうが、いっそう誇り高く聞こえます。というのも、息子は自分がグラックス家に生まれたことを誇りにしましたが、母親は息子の死すらも誇りにしたのですから。

16.7 ルティリアを見てください。彼女は、国外追放にされた息子コッタ[55]のあとを追いました。彼女は、息子への献身の気持ちから、息子を恋しがる生活よりも、追放の地での生活を選び、息子と一緒に帰国するまで、母国に戻りませんでした。息子は帰国を許され、国の要職に就きましたが、その息子が亡くなったときも、彼女は、息子のあとを追ったときのように、じっと耐えました。そして、息子の葬儀のあと、彼女の涙を見た者は、ひとりもいなかったのです。

こうして彼女は、息子の追放においては勇気を示し、息子の死においては英知を示しました。というのも、彼女は、息子への愛を放棄することも、無益で愚かな悲しみに浸ることも、決してしなかったのですから。

わたしは、あなたがこうした女性たちのひとりに数えられることを望みます。あなたは、どんなときでも、こうした女性たちの生き方を模範にしてきました。ですから、今の悲しみを抑えて静めるさいにも、彼女たちの模範に従うのが最良の方法なのです。

※

17.1 もちろん、わたしにもよくわかっています。この事態は、わたしたちの力でどうなるものでもありません。しかも、感情というものは、制御しがたいものです。悲しみから生まれる感情は、とりわけそうでしょう。というのも、そのような感情は激しいものであり、どんな治療も受けつけないのですから。

　ときに、わたしたちはそれを押し殺し、うめき声をぐっと飲み込もうとします。ですが、いかにうまく顔の表情をとりつくろっても、その上を伝って涙が流れ落ちていきます。ときに、わたしたちは演劇を見たり、剣闘士の試合を見たりして、心をまぎらわそうとします。ですが、そうした見世物で気をまぎらわしている最中でも、ささいなきっかけから、切ない気持ちがよみがえれば、心は打ちのめされるのです。

17.2 　それゆえ、悲しみというものは、まぎらわせるよりも、克服してしまうほうがよいのです。じっさい、悲しみをまぎらわせ、娯楽や仕事によって取り除いたとしても、

55　ローマの政治家（紀元前一世紀）。

それはいずれぶり返してきます。しかも、おとなしく休息しているという、まさにそのことが原因となって、猛威をふるう勢いを取り戻してしまうのです。ですが、どんな悲しみであっても、理性に服従すれば、永久に静まります。

もちろん、これまでもたくさんの人たちが、いろいろな方法を試してきたことは、わたしも知っています。ですが、そんなものを、あなたにお勧めするつもりはありません。たとえば、外国旅行に出かけて、遠くの土地や保養地で過ごすとか、たっぷりと時間をかけて、帳簿の入念な監査や、財産の管理をするとか、たえずなにか新しいことに挑戦するといった方法です。こうした方法は、どれも一時的な効果しかありません。悲しみを癒しているというよりは、たんに悲しみを食い止めているだけなのです。むしろ、わたしは、悲しみをごまかすのではなく、悲しみを終わらせたいのです。

ヘルウィアが頼るべきものは、学問と、愛する人たちだ

17.3 そういうわけで、わたしは、運命から逃れようとするすべての人が逃げ込むべき場所に、あなたをご案内しましょう。すなわち学問です。学問は、あなたの傷を癒し、あなたの悲しみを、すべて取り去ってくれることでしょう。

その学問に、あなたは十分に慣れ親しんでいるわけではありません。だとしても、あなたは、今こそ学問をしなければならないのです。わたしの父上は、古風で厳格な価値観の持ち主でした。そのため、あなたがすべての学問に精通することはできませんでした。しかし、あなたは、それに触れることなら許されていたのです。

たしかに、わたしの父上は、だれよりも優れた人物でした。ですが、祖先の風習にそこまで忠実にならずに、あなたが哲学の教えを聞きかじるだけでなく、きちんと学ぶことを許してくださってもよかったのにとも思います。そうしていれば、運命に立ち向かう手段を、今からあなたのために準備する必要はなく、たんにそれを活用するだけですんだわけですから。

もっとも、世の中には、哲学をするためではなく、飾りにするために、教養を身につけようとする女性がいます。あなたが学問に没頭することに対して、父上があまり積極的でなかったのは、きっとそんな女性がいたためだったのでしょう。

それでも、貪欲な知識欲のおかげで、あなたは、あまり時間を割けなかったにもかかわらず、とてもたくさんの知識を吸収しました。だから、すべての学問を学ぶための基礎は、すでにできているのです。ですから、今こそ学問に立ち戻ってください。

学問があなたの安全を守ってくれますから。

17.5 学問は、あなたになぐさめを与えてくれることでしょう。学問は、あなたに喜びを与えてくれることでしょう。もし、学問があなたの心にほんとうにしみ込んだなら、悲しみは、二度と入り込みはしないでしょう。心配は、二度と入り込みはしないでしょう。根拠のない悩みがもたらす空しい苦しみは、二度と入り込みはしないでしょう。あなたがこれらのものに、あなたの胸を開くことはないでしょう。じっさい、あなたは、これら以外の心の弱さには、ずっと胸を閉ざしてきたのですから。

学問は、あなたの最も確かな守り手です。そして、学問だけが、あなたを運命の手から救い出せるのです。

※

18.1 とはいえ、学問があなたに避難場所を約束してくれるとしても、あなたがそこに到着するまでの間は、あなたの寄りかかる支えが必要です。ですから、これからしばらくは、「そのような支えとして」あなたをなぐさめてくれるものについて、お話しすることにしましょう。

18.2 わたしの兄弟たち[56]のことをお考えになってください。彼らが元気でいるかぎり、あなたは運命を責めるべきではありません。ふたりのよいところはまったく異なりますが、あなたは、そのいずれにも喜びを見いだされることでしょう。ひとりは、勤勉な努力で社会的地位を手に入れました[57]。ひとりは、賢明にも、そのようなものを軽蔑しました[58]。さあ、一方の息子の高い地位に安らぐのです。他方の息子の静かな生活に安らぐのです。そして、両方の息子の親思いの心に安らぐのです。

18.3 わたしは、自分の兄弟たちがあなたに深い愛情を抱いていることを、よく知っています。一方は地位を高めていきましたが、それはあなたの名誉になりたかったからなのです。他方は、乱されることのない静かな生活に退きましたが、それはあなたのために使う自由な時間が欲しかったからなのです。しあわせなことに、運命は、あなたの息子たちに、援助となぐさめという役目を与えました。あなたは、一方の息子の地

56　兄ノウァトスと弟メラのこと。
57　セネカの兄ノウァトスは政治家として活躍し、アカイア属州の領事や、執政官を務めた。
58　セネカの弟メラは、政治生活を送らず、地方収税官を務めながら、哲学の研究に従事した。

位によって守ってもらい、他方の息子の閑暇によって楽しむことができるのです。彼らは、互いに競い合って、あなたに尽くすことでしょう。ひとりの息子を恋しがる気持ちを、ふたりの息子の親思いの心が満たしてくれることでしょう。わたしは、自信をもって断言できます。あなたに不足するものは、なにもありません――息子たちの数のほかは。

※

18.4 次に、あなたの孫たちのこともお考えになってください。あの愛くるしい子、マルクス[59]のことを。あの子を見ていると、どんな悲しみも消え去っていきます。胸に抱いた悲しみがどれほど大きくても、またどれほど新しくても、あの子に抱きつかれると、だれでも悲しみが和らいでいくのです。

18.5 あの子がはしゃぐ姿を見ても、まだ涙のおさまらない人がいるでしょうか。あの子が愛らしく話す姿を見ても、心配事で締め付けられた心が緩まない人がいるでしょうか。そのふざけ騒ぐ姿に、おどけた言葉をかけない人がいるでしょうか。いかに考え事にふけっていても、そのおしゃべりに気持ちを奪われない人がいるでしょうか。わたしは神々に祈ります。どうか、この子が、わたしたちより先に死ぬことがありませんようにと。

18.6 すべての残酷な運命は、わたしのところで力を使い果たして、そこで止りますように。あなたが母として悲しむべきことは、わたしが身代わりとなりますように。あなたが祖母として悲しむべきことは、わたしが身代わりとなりますように。わたしの一族のほかの人たちが、なにごともなく栄えますように。わたしは、自分の子を失ったことや、今のこの境遇について、不満を言うつもりはありません。わたしが犠牲になることで、わたしの家族にこれ以上の悲しみが訪れないなら、それでいいのです。

※

18.7 はやく、ノウァティラ[60]を抱きしめてあげてください。あの娘は、もう少しすれば、あなたにひ孫を授けてくれることでしょう。わたしは、彼女をとても可愛がり、自分

59 セネカの弟メラの息子。のちに詩人となるが、若くして亡くなった。
60 セネカの兄の娘。

の養女にしました。ですから彼女は、実の父親が健在だとはいえ、わたしを失ったことで、まるで孤児のように見えることでしょう。どうかあの娘を、わたしのためにも、愛してあげてください。

あの娘は最近、運命に母親を奪われました。ですが、あなたの深い愛があれば、彼女は、母親の死を悲しみはしても、うちひしがれてしまうことはないでしょう。

今こそ、彼女の人格を作り上げ、形を与えてあげてください。感受性の強い年頃ですから、あなたの教育は、彼女の心にいっそう深くしみ込んでいきます。彼女を、あなたとの会話に、少しずつ慣れさせるのです。そして、あなたがよいと思うとおりに、彼女の人格を形作ってください。あなたは、彼女にたくさんのものを与えてやることができるでしょう。彼女のお手本になっていただくだけで十分なのです。

このとても尊い責務は、あなたの悲しみを癒してくれることでしょう。なぜなら、肉親への愛ゆえに悲しむ心を苦しみから救い出すことができるのは、理性か、あるいは、このような名誉ある仕事だけなのですから。

※

あなたの大いなるなぐさめの中に、あなたのお父上も含めたいところなのですが、残念ながら、あの方は、今、家を不在にしておられます。ですから、今は、あの方があなたをどれほど愛しているかを、あなたの愛の強さから想像していただきたいのです。そうすれば、あなたは理解されることでしょう。わたしのために自分をすり減らすよりも、あの方のために自分を大切にするほうが、はるかに正しいのだということを。悲しみがとても強い力で襲いかかり、あなたに服従を要求してきたら、いつでもお父上のことをお考えください。

あなたは、お父上にたくさんの孫たちとひ孫たちを授けてくださいました。そのため、お父上のよりどころは、あなたひとりだけではなくなりました。ですが、これまで幸福であった彼の人生が、最後まで幸福なものとなるか否かは、あなたの手にかかっているのです。あの方が生きておられるかぎり、あなたは自分が今まで生きてきたことを嘆いてはなりません。

※

あなたの最大のなぐさめについて、わたしはこれまでなにも申し上げませんでした。

18.9　19.1

すなわち、あなたの姉上のことです。[61] 彼女の胸は、あなたへの誠実さに満ちており、あなたのすべての悩みを、まるごと受け入れてくれます。彼女の心は、わたしたち皆にとって、まるで母親のようです。彼女は、あなたと一緒に泣いてくれました。そして、彼女のふところに抱かれることによって、あなたは、はじめて息を吹き返すことができたのです。

彼女は、ほんとうに、いつでもあなたの気持ちを汲みとってくれます。ですが、今回のわたしの件で、彼女が悲しんでいるのは、あなたのためばかりではありません。わたしは、彼女の腕に抱かれて、ローマの都にやってきました。長く病気をしていたわたしは、彼女の献身的で母親のような看護のおかげで、健康を取り戻すことができました。[62] わたしが財務官[63]の職の候補になったときも、彼女はわたしを支援してくれました。彼女は、人と話をしたり、大声で挨拶したりするのが苦手でしたが、わたしを思う気持ちから、羞恥心を克服したのです。世間から離れて暮らす彼女の生活も、つつしみ深さも――昨今の女性たちの厚かましさと比べてみてください――、穏やかさも、隠れて閑暇な生を送る習慣も、彼女がわたしのために野心的になることを邪魔しませんでした。

19.3 最愛なる母上。このような彼女のなぐさめこそが、あなたを元気にしてくれるのです。できるかぎり、彼女とのつながりを強めてください。ありったけの力で彼女を抱きしめて、あなたに縛りつけるのです。嘆き悲しむ人は、自分がいちばん愛するものから遠ざかり、ひとりで悲しみに浸ろうとしがちです。ですがあなたは、思ったことはなんでも、彼女に打ち明けてください。あなたは、今の状態のままでいたいと思っているかもしれませんし、そこから抜け出したいと思っているかもしれません。しかし、いずれにせよ、あなたは彼女のもとで、あなたの悲しみの終焉か、あるいは、悲しみを分かち合う友を見出すことになるのです。

19.4 とはいえ、わたしはこの完璧な女性の聡明さを理解しているつもりなので申し上げますが、彼女は、あなたがなんの役にも立たない悲しみに耽ることを許しはしないでしょう。おそらく彼女は、あなたに自分の経験——じつは、わたしもその目撃者なの

---

61 ヘルウィアの姉（実の姉か義理の姉かは不明）で、エジプト領事ガイウス・ガレリウスの妻。名は不明。

62 若い頃から病気がちであったセネカは、エジプトの伯父のもとで療養していたことがある。

63 財務官とは、ローマにおける政務官職のひとつ。執政官の下で、国家財政の管理をおこなう。

ですが――を話してくれることでしょう。[64]

彼女は、航海のさなかに最愛の夫を失いました。[65]（わたしの伯父さんです。彼女は、まだ若い頃に、彼と結婚しました。）ですが彼女は、悲しみと恐怖に、同時に耐えました。そして、嵐を乗り越えて、難破する船から夫の遺体を運び出したのです。ああ、なんとたくさんの女性の立派な行為が、世に知られないままになっていることでしょう。もし彼女が、勇敢な行為を素直に賞賛していたあの古き時代に生まれていたなら、優れた詩人たちは、この妻のことを、こぞってほめたたえたことでしょう。彼女は、女性の弱さをものともしませんでした。とても頑強な男たちすら恐れる海を、ものともしませんでした。彼女は、夫を埋葬するために、自分の命を危険にさらしました。そして、夫の埋葬のことを考えている間、彼女は自分が埋葬されるかもしれないという恐れを抱くことはなかったのです。

あらゆる詩人たちによって賞賛されている女性がいます。彼女は、夫を生かすために、その身代わりとなって、自分の命を捧げたのです。[66]ですが、夫の墓を求めて、自分の命を危険にさらすことのほうが、もっと偉大です。というのも、同じ危険を冒しても、得るものが少ないほうが、愛はより大きいのですから。

※

この話を聞いたあとなら、もうだれも驚きはしないでしょう。彼女は、自分の夫がエジプト領事を務めていた十六年の間、一度も公の場に姿を見せませんでした。彼女は、属州の住民を、だれひとり自分の家に招き入れませんでした。夫に便宜を図ってもらうこともありませんでした。だれかから便宜を図ってほしいとお願いされて、聞き入れるようなこともありませんでした。

属州という土地は噂好きで、管理する人々への悪口に満ちています。そこでは、たとえ過失を犯さなくても、悪い評判をまぬがれません。ところが、その属州が、彼女

64 セネカは、ガイウス・ガレリウス夫妻と共にローマに帰国する途上で、以下に述べられる事件に遭遇した。
65 ガイウス・ガレリウスは、エジプトで十六年間、領事を務めたあと、妻と帰国する途中で船が難破し、亡くなった。
66 ギリシャ神話に登場するアドメトス王の娘アルケスティスのこと。夫の死の運命を避けるために、身代わりとなって死んだ。

19.6

を、清廉潔白の唯一の見本であるかのように尊敬するようになったのです。あやうい風刺すら大好きな人々には、とても難しいことですが、属州の人々は、好き放題に噂話をするのをやめました。そして今でも、彼女のような人物が現れるのを、叶わぬ願いと知りながら、ずっと待ち続けているのです。

もし属州が、十六年にわたって彼女を高く評価し続けたとしたら、それはすごいことです。ですが、彼女はそれ以上なのです。属州は、彼女を知らなかったのですから。わたしは、彼女についていろいろとお話ししてきました。ですが、わたしの目的は、彼女の偉業を数え上げることではありません。(もっとも、あまりに簡単に済ませると、失礼になることも事実ですが。) そうではなく、偉大な精神を持つ女性がたしかにいるのだということを、あなたによく知ってもらいたかったからなのです。彼女は、名誉欲や貪欲——これらはあらゆる権力につきまとう害毒です——に負けませんでした。彼女は、船が航行不能となり、自分も遭難しそうだとわかっているのに、死の恐怖に脅かされはしませんでした。そして、亡くなった夫に寄り沿いながら、自分が脱出する方法ではなく、夫の遺体を運び出す方法を探っていたのです。

あなたも、彼女に負けないくらいの勇気を出さなければなりません。そして、あなたの心を悲しみから取り戻し、あなたが子どもを産んだことを後悔していると思われないようにふるまっていただきたいのです。

※

20.1 とはいえ、あなたがどれだけの努力をなさろうとも、あなたの思いが、繰り返しわたしに向かうことは避けられません。今も、あなたの脳裏には、あなたの子どもたちのだれよりも、わたしの姿がひんぱんに浮かんでいるはずです。(もちろんそれは、あなたが彼らを愛していないからではなく、痛む部分にひんぱんに手が伸びていくのは、自然なことだからです。) ですから、今のわたしの状態を、あなたがどうお考えになるべきかをお聞きください――わたしは元気で、はつらつとしていて、最良の状態にあります。

ほんとうに、最良の状態なのです。というのも、わたしの精神は、あらゆる雑事から解放され、自分の本来の仕事に専念しているからです。すなわち、わたしの精神は、あるときには［文芸などの］比較的軽い研究を楽しんでいます。また、あるときには、真理を求めて奮い立ち、自己と世界の本性をめぐる探求をしているのです。

まずおこなうのは、陸地とその位置の研究です。その次には、陸地をとり囲む海について、満潮と干潮が周期的に生じる仕組みを研究します。その次は、天と地の間に挟まれた、恐怖に満ちた領域を探求します。そこは、雷鳴と稲妻と強風が荒れ狂い、雨と雪と雹《ひょう》が降り注ぐ、混乱した空間です。こうして、世界の低い領域をくまなく研究したあと、精神は［天界という］最も高い領域に分け入り、神聖なものが織りなす、とても美しい光景を楽しみます。すると精神は、自分が永遠の存在であることを思い出し、すべての時代にわたる、過去と未来のすべての出来事に、思いを馳せるのです。

20.2

心の安定について

コルシカ島での追放を赦され、ローマに戻ったセネカの人生は、大きく変転していきます。彼は、ネロの教育に携わり、その皇帝就任後は、政治的補佐役として、彼の政治を支えていくことになるのです。本作は、このネロ帝の時代にセネカと親しく付き合い、その政治活動にも協力した、年下の親友セレヌスに向けて綴られています。

本作は、セネカに悩みを打ち明けるセレヌスの手紙から始まります。セレヌスは、質素な生活と学問をこよなく愛し、政治への大志を抱く青年です。しかし、そうした立派な心がまえとはうらはらに、彼の心は、しばしばかき乱され、揺れ動きます。そうした心の弱さを克服して、ぶれることのない安定した心を手に入れるためには、どうしたらよいのでしょうか。セレヌスへのセネカのアドヴァイスは、仕事や友人の選びかた、財産とのつき合いかた、運命への対処法など、多岐にわたっています。その地に足のついた堅実なアドヴァイスは、現代に生きるわれわれにとっても、十分に参考になるものです。

［セレヌスが、セネカに悩みを打ち明ける——］

1.1 セネカさん、ぼくは自分のことをよく吟味してみました。すると、自分のいろいろな欠点が見えてきました。そのうち、いくつかの欠点は、この手でつかめるくらい、はっきりと捉えることができます。しかし、奥のほうに隠れていて、はっきりとは捉えがたい欠点もあります。また、いくつかの欠点は、つねに姿を現わしているとはかぎらず、ときたま姿を現わします。それは、ある意味、もっとも厄介な欠点といってよいかもしれません。まるで、たえず移動しながら、機に乗じて攻め込んでくる敵のようなのですから。そんな敵に対しては、戦時のように用心すべきなのか、平時のように安心していいのか、わからないではありませんか。

1.2 それなのに、このぼくときたら、たいていいつも、あの「望ましくない」状態に置かれているのです。（あなたには、医者に打ち明けるように、正直に打ち明けさせてください。）すなわち、それは、自分が恐れ憎んでいるこれらの欠点から、完全に自由になることもなく、かといって、それらの言いなりになることもない［宙ぶらりんな］状態のことです。たしかに、ぼくは最悪の状態にあるわけではありません。しかし、それはとても不快で、いらだたしい状態、すなわち、病気とも、健康ともいえない状態なのです。

こんななぐさめの言葉は、言わないでください――「どんな徳でも、はじめのうちはみな弱々しいものなのだ。だが、時がたてば、だんだんと、堅く強いものになっていくのだよ」などといった言葉は。ぼくだって、知らないわけではありません。同じことは、外面《そとづら》ばかりよく見せようと一生懸命なものにだって、いえるではありませんか。（ぼくの言っているのは、高い地位とか、弁が立つという評判とか、その他なんであれ、他人にどう評価されるかが重要なもののことです。）そんなものだって、時がたてば、次第に堅固になっていきます。つまり、真実の力を与えてくれるものでも、気に入られようとして、なにかの虚飾で飾りたてたものでも、月日がたてば、時の流れが、少しずついい色をかもし出してくれるのです。だからこそ、ぼくは恐れています。なにごとであれ、習慣になってしまえば、変えるのが難しくなる。だとしたら、ぼくのこの欠点も、ぼくの中に、ますます深く根づいていくのではあるまいかと。長くつきあっていれば、よいものにばかりでなく、悪いものにだって、愛着がわいてくるものですからね。

1.4 ぼくの心は、ふたつのものの間を揺れ動いていて、正しいもののほうに強く傾くわけでも、間違ったもののほうに強く傾くわけでもありません。そんな心の弱さがどのような姿をしているかについて、その全容をあなたに示すのは無理な話ですが、その一部を示すことならできるでしょう。そこでぼくは、自分にどんなことが起こっているかをお話しいたします。そうすれば、あなたが、病名をつきとめてくださるでしょうから。

※

1.5 じつをいうと、ぼくは、倹約をこよなく愛しています。ぼくは、豪華絢爛に飾られたベッドも、衣装箱から大切に取り出されてくる服も、しわ伸ばし機で強くプレスして艶出しした服も、好みではありません。むしろ、ぼくが好きなのは、質素で値段が安く、保管するにも着用するにも、たいして手間のかからない服なのです。

1.6 ぼくの好む食事は、家の召使たちがあらかじめ準備をしておく必要もなく、「うらやましそうに」じっと見ているようなこともない食事です。何日も前から注文しておく必要もなければ、給仕にやたら手がかかるようなこともありません。そうではなく、容易に手に入り、簡単に調理できる食材を使ったものばかりなのです。遠方から取り寄せる食材や、高価な食材は、まったく含まれていません。どこにでもある、ふところにも、体にもやさしいものばかりなのです。もちろん、体に入ってきたときと同じ道を通って、外に出ていってしまうようなこともありません。[1]
1.7 召使なら、純朴で、なにも知らない、わが家で生まれ育った若い奴隷が好みです。銀器なら、田舎育ちの父が持っているような、ずっしりとした、無銘のものが好みです。テーブルなら、目を見張るような斑模様の木目が入ったものとか、たくさんの趣味人たちの手を渡り歩いて、街中に知れ渡っているようなものは好みません。そうではなく、客の目をうっとりと楽しませることも、嫉妬を買うこともない、実用本位のものがいいのです。

1.8 ぼくは、そんなものが、とても好きです。ところが、その一方で、ぼくの心を惑わせるものがあるのです。たとえば、あるお屋敷で目にした、召使訓練所[2]の豪華な設備などがそうです。そこにいる奴隷たちは、パレードで行進する人たちよりも念入りに衣装をまとい、金色に飾られていますし、召使たちの群れは、光り輝いています。もちろん、その邸宅の素晴らしさは、いうまでもありません。そこは、踏みつけて歩く床にすら、宝石が敷き詰められています。そして、隅々まで富がちりばめられ、天井までもが、きらきらと輝いているのです。そこは、食いつぶされていく財産のあとを追いかけ、つけねらう大勢の人々であふれかえっています。宴会の客たちの間を流れていく、底まで澄み切った泉水とか、その宴席の舞台にふさわしいご馳走の山については、いわずもがなでしょう。

ぼくは、長い間ずっと実直な生活を送ってきましたが、そんなぼくを、豪華絢爛な贅沢が取り囲み、四方八方から騒ぎ立てたのです。ぼくの視線だって、さすがに少しはぐらついてしまう。なにしろ、贅沢を目の前にして、それに歯向かうのです。それにくらべたら、心の中で歯向かっているほうが、まだしもたやすいでしょう。だから、

1 古代ローマの宴会では、満腹になると、吐き戻して宴会を続ける金持ちもいたという。
2 富豪の屋敷に設置されていた、奴隷を教育するための施設のこと。

家に戻ると、ぼくは、今までよりも悪くなっているとはいいませんが、惨めにはなっているのです。ぼくはもう、ぼくの粗末な持ち物の間を、胸を張って歩くことができません。そして、ふいに焦燥感に駆られ、もしかしたら、あんな生活のほうがいいのだろうかという疑念が、頭をよぎるのです。

もちろん、こうした贅沢のなにひとつとして、ぼくの心を変えてしまうことはありません。とはいえ、それらのなにひとつとして、ぼくの心を揺り動かさないものはないのです。

※

1.10

ぼくは、師の命に従い、国政の渦中に身を投じる覚悟をしています。いずれは栄誉ある官職に就くのだと心に誓っています。もちろん、それは、高官の服や徽章に心を奪われたからではありません。そうではなく、友人や縁者たち、すべての国民、ひいては全人類にもっと奉仕できる、有用な人間になりたいからなのです。ぼくが率先して従う師は、ゼノンとクレアンテスとクリュシッポスです。[3] たしかに、彼らの中に政治生活を送った者はいません。ですが、彼らは、人々にはそのような生き方を勧めているのです。

1.11 ところが、ひょんなことから、ぼくの打たれ慣れていない心が、打ちのめされることがあります。あるいは、人生の日常茶飯事とはいえ、なにか屈辱的な目にあうこともありますし、ものごとが、どうにもうまく進まないようなときもあります。あるいは、どうでもいい用事のために、たくさんの時間を奪われてしまうときもあります。そんなとき、ぼくは閑暇の中に逃げ込もうとします。そして、疲れ果てた家畜の群れのように、いつになく足早に、家路を急ぐのです。ぼくは、自分の壁を作って、生活を閉じ込めてしまおうと心に決めます。「これだけの損害を受けるのだから、その代償をきちんと支払ってくれる人でない限り、だれにも、ぼくの一日を奪い去るようなまねはさせまい。心がどこかに離れていかないようにしなければ。心は自分の世話だけをしていればよいのだ。自分に無関係なことや、他人の同意が必要なことは、なにもさせないようにしよう。公私いずれのわずらわしさからも解放された、平穏を愛さ

3 ゼノンは、紀元前四世紀の古代ギリシャの哲学者で、ストア派の創始者。クレアンテスはゼノンの弟子であり、クリュシッポスはクレアンテスの弟子。

せよう」

1.12 ところが、勇ましい物語を読んで心が鼓舞されたり、立派なおこないに触れて刺激されたりすると、ぼくは公共広場《フォルム》に飛び出して行きたくなります。だれかを弁護してあげたり、だれかに力を貸してあげたくなるのです。（たとえ、それが無駄に終わってもかまいません。要は、役に立ちたいという気持ちの問題なのですから。）また、成功して思い上がっている奴の鼻柱を、へし折ってやりたくもなるのです。

※

1.13 学問については、ぼくは心底こう思っています。すなわち、学問のやり方として優れているのは、何が主題になっているのかを、しっかりと意識して、それを踏み外さないように論じることです。さらにいえば、主題に合った言葉を使い、わざとらしさのない語り口で、主題の導きに従うようにするのです。「ぼくは自分にこう言い聞かせています。」「後の時代まで読み継がれるようなものを書く必要が、どこにあるのだろう。後の世の人々に語られるための努力など、やめようとは思わないのか。おまえは、生まれたからには、死なねばならぬのだ。だれひとり黙して語らぬ葬式のほうが、面倒も少ないではないか。だから、なにかを書くのに時間を使うときには、潰す時間のあるときに、公にするためではなく、自分で利用するために、簡素な文体で書きなさい。今日という日のために研究するのだ。そんなに一生懸命にならなくともよい」

それなのに、ぼくの心にすばらしい考えが浮かび、気持ちが高ぶると、言葉づかいまで野心的になっていきます。高尚な感動を、高尚な言葉で表現したくなり、主題の持つ威厳にふさわしい言葉が溢れ出してくるのです。そんな状態になると、自分で決めた原則や、抑制の効いた判断は、もう頭から消え失せてしまう。そして、もはや自分のものとはいえない言葉を口走りながら、さらなる高みへと連れて行かれてしまうのです。

1.14

※

個々の症状を、これ以上、くどくどと述べ立てることはいたしません。ようするに、ぼくはあらゆる場面で、このような良心の弱さにつきまとわれているのです。

ぼくは、こわいのです。ぼくは、少しずつ滑り落ちているのではないでしょうか。あるいは、（こちらのほうがもっと心配なのですが、）もしかしたら、ぼくは崖っぷち

1.15

にぶら下がっていて、いつ転落してもおかしくない状態にあるのではないでしょうか。いや、もしかしたら、事態は、本人が思っている以上に深刻なのかもしれません。じっさい、ぼくたち人間は、自分に馴染み深いものを、より親密に感じます。ですから、そこには、いつでも、ひいきが生まれ、判断を狂わせてしまうのです。

1.16 おもうに、英知に到達できたと思い込んだり、自分の欠点をごまかしたり、そこから目を背けるようなことをしなければ、たくさんの人たちが、英知に到達できたのではないでしょうか。ぼくたちが身を滅ぼす原因は、自分のおべっかではなく、他人のおべっかなのだ、などとは言わないでください。あえて自分に真実を告げるような者が、どこにいたというのですか。ほめ言葉でおもねる人たちの群れの中にあって、自分自身が最大のおべっか使いでなかったような者が、どこにいたというのですか。

1.17 そういうわけで、ぼくは、あなたにお願いいたします。あなたが、ぼくのこのぐらついた心を安定させる薬をお持ちなら、こう考えていただきたいのです——あなたの薬によって安定を手にするにふさわしい人間は、このぼくなのだと。

ぼくのこのような心の動揺が、危険なものでも、騒ぎを引き起こすようなものでもないことは、ぼくも承知しています。ぼくの病状を適切なたとえで表現するなら、ぼくは、嵐ではなく船酔いに苦しめられているのです。ですから、それがどんな病かは知りませんが、それを取り除き、陸地を目前にして苦しんでいるひとりの人間に、救いの手を差し伸べていただきたいのです。

※

［以下、セネカが、セレヌスの悩みに対して、助言を与える――］

セレヌスに必要なのは心の安定である

じつをいうと、セレヌス君、わたし自身も、ずいぶんと以前から、ひとりであれこれと考えていたのだ。そのような心の状態を、何になぞらえたらよいのだろうかとね。それに類似した例として、いちばん近いのは、こんな人たちだと思う。すなわち、長くて重い病気からようやく抜け出したものの、まだ、ときどき微熱や軽い発作に見舞われることのある人たちだ。そのような人たちは、すでに病気の最終段階を過ぎているのに、まだ不安にさいなまれている。もう健康なのに、医者にしがみつき、自分の体に少しでも熱があろうものなら、大騒ぎするのだ。

セレヌス君、このような人たちの体は、十分に健康なのだ。ただ、その健康に、十分に慣れていないだけなのだよ。その体の状態をたとえて言うなら、静かな海――とりわけ、嵐のあとの静まりかえった海――に、少しばかりの波が立っているようなものなのにね。

そういうわけで、きみに必要なのは、あの厳しい治療ではない。そんな治療なら、われわれは、もうおこなってきた。すなわちきみは、あるときは自分に逆らい、あるときは自分に怒り、あるときは自分に厳しい態度を取ってきたのだ。むしろ、今、必要なのは、最後の仕上げとなる治療だ。それはすなわち、自分を信頼して、自分が正しい道を進んでいると信じることなのだ。そこには、たくさんの人たちがでたらめな方向に走ってできた、交錯する足跡が、いたるところについている。だから、それに惑わされて、道を誤らないようにするのだ。じっさい、その中には、正しい道のすぐ近くをさまよう人がつけた足跡もあるのだから。

※

2.2

2.3 さて、きみが求めているのは、偉大で、至高で、神に近いこと――すなわち、揺るがないことだ。この確固とした心の状態を、ギリシャ人は「快活《エウテュミア》」と呼んでおり、これについては、デモクリトスの優れた論考[4]が存在している。わたしはそれを、「安定《トランクィリタス》」と呼んでいる。（ギリシャ語の形を真似て、移し変える必要はない。論じられている主題そのものが、［ラテン語の］なんらかの単語によって表現されていればいいのだ。そのためには、その単語は、ギリシャ語の名称と同じ意味を持つ必要があるが、同じ形をしている必要はない。）

2.4 そうすると、われわれは、次のようなことを探求すればよいことになる。すなわち、精神は、どうすれば平坦で順調な道を、つねに歩み続けるだろうか。また、精神は、どうすれば自分自身と親密になれるだろうか。さらに、精神は、どうすれば喜んで自己を眺め、しかも、その喜びを遮られることなく、穏やかな状態を保ち、感情の起伏を抑えることができるだろうか。じっさい、安定とは、まさにこのようなものであろう。以下では、どうすればこのような状態に到達できるのかを、一般的な視点から考察

4　デモクリトス（71頁注63参照）には『快活について』という著作があったと言われている。

していくことにしよう。きみは、その万人向けの治療薬の中から、自分が必要とするものだけを服用してくれればよい。

心の安定を乱す欠点のありさま

2.5 まず、さしあたりは、人間の欠点をあらいざらい引きずり出して、よく見えるようにしよう。そうすれば、各人が、自分はどれに該当するのかを知ることができるだろう。また、それと同時に、きみには、自分の自己嫌悪がいかに面倒の少ないものかを納得してもらえるだろう――聞こえのいいことばかり言って、引っ込みがつかなくなり、その大言壮語のために、自分がそうしたいからではなく、恥をかきたくない一心で、必死に自分をとりつくろっているような連中に比べればね。

※

2.6 次のような人たちも、みな同類だ。すなわち、むら気や、退屈や、たえまない気変わりに悩まされている人たち。なにかをやめてしまったあとで、やめなければよかったと、いつも後悔する人たち。さらには、怠惰で、あくびばかりしている人たち。

次のような人たちも、仲間に入れよう。すなわち、まるで寝付けない人みたいに、ごろごろと転がり、あちらを向いたり、こちらを向いたりしているうちに、ようやく疲れておとなしくなる人たちだ。このような人たちは、自分の生き方をたえず変化させ続ける。最終的には、ひとつの生き方に落ち着くとしても、それは、変化に嫌気がさすからではなく、歳をとって、新しいものに鈍感になってしまうからなのである。

さらに、次のような人たちも、仲間に入れよう。すなわち、たしかに生き方は一貫しているが、それは、心がしっかりしているからではなく、むしろ、たんに無気力だからにすぎない人たちだ。彼らは、自分が望むからそう生きているのではなく、そういう生活を始めたから、それを続けているにすぎないのである。

※

2.7

このように、その姿は、数えきれない。しかし、このような欠点がもたらす結果は、ただひとつしかない。すなわち、自己嫌悪におちいってしまうのだ。

この自己嫌悪の発生源は、だらしのない心と、それが抱く欲望である。そんな欲望は、臆病でなにもできないか、そうでないとしても、わずかな望みしか満たすことができない。だから、そんな心を持つ人々は、自分のやりたいだけのことを、じっさいにやったり、追い求めたりすることができない。彼らは、すべてを願望することしかできないのだ。彼らは、いつでも、ふらふらとして、気まぐれなのだが、それも当然のことだ。彼らは、宙に浮いた存在なのだから。

彼らは、あらゆる手を尽くして、自分の願望を叶えようとする。そして、みっともないことでも、できそうにないことでも、自分をそそのかして、無理にやろうとする。苦労の報いが得られないときには、空しい悔恨の情が、彼らを責め立てる。彼らは、よこしまな願望を抱いたことを嘆きなどしない。願望が満たされないことを、ひたすら嘆くのだ。

そのとき彼らは、そんな企てをしたことを後悔し、再び挑戦することに恐れを抱くようになる。こうして、精神のあの動揺が忍び寄る。精神は、もはや出口を見つけることができない。なぜなら、彼らはもはや、自分の欲望を支配することも、それに従うこともできないからだ。彼らは、思うようにならない人生に迷いはじめる。そして、彼らの精神は、捨てられたたくさんの願望に取り囲まれて、活力を失い、無気力になっていくのである。

2.8

2.9 こうした症状すべてが、さらに悪化してしまう場合がある。すなわち、いくら苦労しても報われないことに嫌気がさして、閑暇な生活や、孤独な学究生活に逃げ込むような場合だ。彼らの精神は、公職を切望し、行動することを欲しており、生まれつきじっとしていることができない。だから、そんな生活には耐えられないのだ。じっさい、このような精神が自己の内部に見いだせるなぐさめは、わずかなものでしかない。それゆえ、彼らはなぐさめを奪われていく。（そもそも、奔走する彼らのなぐさめになってくれていたのは、多忙さそのものだったのだ。）こうして彼らは、家にも、孤独にも、部屋の壁にも耐えられなくなる。そして、自分がひとりでいる姿を見るのを、毛嫌いするようになるのである。

2.10 こうして、あの退屈と、自己嫌悪と、落ち着く場所がない精神の動揺と、自分の閑暇に対する辛く苦しい忍耐が生まれてくる。とりわけ、そんなことになってしまった理由を正直に認めるのが恥ずかしくて、羞恥心から心の中に煩悶が生まれる場合とか、欲望が狭い場所に押し込められて出口を失い、互いに苦しめ合うような場合には、それが起こりやすい。このような状態に陥ると、そこから、憂鬱と悲嘆、そして、不安定な心のたえまない動揺が生まれてくるのである。（このたえまない動揺は、希望が見えはじめると心が舞い上がり、希望が失われると心が悲しみに沈むことによって生じるものだ。）

さらに、ここから、自分の閑暇を嫌悪し、なにもすることがないと不平を言う人たちの感情や、他人の成功に対する激しい嫉妬心が生まれてくる。というのも、不毛な怠惰が妬みを増長させ、彼らは、自分が成功できなかったというだけで、すべての人の破滅を欲するようになるからだ。

次に、彼らの精神は、他人の出世に対する憎悪と、自分の出世に対する絶望から、運命に腹を立てる。そして、世の中に不満を抱き、こそこそと隅に隠れて、自分の不遇に思い悩む。そしてついには、自分にうんざりして、自己嫌悪におちいるのだ。

※

2.11

そもそも、人間の精神は、生まれつき活発で、動きやすいものだ。それゆえ精神は、自分を刺激して、気を散らしてくれるようなものなら、なんでも歓迎する。とりわけ、忙しい仕事に喜んで身をすり減らしているような、劣った性質の持ち主は、みなそうだ。できものには、手で傷つけられたがるものや、手で触れると喜ぶものがある。ま

2.12 た、体にできた汚い皮膚病は、なにかで搔くと心地よい。心の場合も、これとまったく同じだとわたしは言いたい。すなわち、まるで悪性のできものができるように、心にいろいろな欲望が生まれると、心は、労苦や苦悩を快く感じるようになるのだ。

これは、われわれの身体にもいえることであり、身体を少し苦しい状態にすると、心地よくなる場合がある。たとえば、［横になって寝ているとき、］疲れてもいない脇腹を入れ替えて体をひっくり返し、体位をいろいろ変えることによって、体の熱を冷ますような場合だ。ホメロスの作品に登場する英雄アキレウスも、これと同じようなことをしている。すなわち彼は、［戦死した親友のことを思って寝つけず、］うつ伏せになったり、仰向けになったりと、さまざまに姿勢を変えたのである。[5] すなわち彼は、病人によくみられるように、なにごとにも長く耐えられなくなっていたから、変化を薬として利用したわけだ。

2.13 だからこそ、ひとは、あちこち旅をして、海岸線をあてどなくさまよう。だが、海にいようが陸にいようが、すぐに、気まぐれが頭をもたげてくる。（気まぐれは、い

5 ホメロス『イリアス』第二四巻、一〇—一一行。

つでも、自分の今いる場所が、気に食わないのだ。）「さあ、カンパニアに行こう」[6]。しかし、やがて贅沢に飽きて、こう言う。「そうだ、未開の地を見に行こう。ブルッティウムやルカニアの山林地帯を探検しよう」[7]。ところが、未開の荒地にいると、目を楽しませてくれるものが恋しくなる。それが、彼らのわがままな目を、果てしない荒地の殺伐とした風景から、救い出してくれるのだ。［そこで、こう言う。］「よし、タレントゥム[8]に行こう。あそこには、すばらしい港があるぞ。冬でも暖かいし、昔からたくさんの人々で賑わう豊かな土地だ」。［ところが、しばらくするとこう言う。］「そろそろ、都に戻ることにするか」――彼らは、もうずいぶんと長い間、人々の叫び声や馬鹿騒ぎを聞いていなかったからね。それに、［剣闘士の試合で］人間が血を流すのを楽しみたくて、うずうずしてきたのだよ。

かくして、ひとは、次から次に、旅をくり返し、次から次に、眺める風景を変えていく。まことに、ルクレティウス[9]の述べている通り、「このように、ひとはみな、つねに自分自身から逃れようとする」[10]わけだ。しかし、そんなことをして何になるのだろう。結局、逃れることなどできないのに。自分のあとを追って付きまとう、最も厄介な同伴者は、自分自身なのだから。

2.15
だからこそ、われわれは、よく知っておく必要がある。われわれを苦しめているのは、土地の欠点などではない。自分自身の欠点なのである。われわれは弱い存在だ。あらゆることに耐え忍ぶことなどできない。労苦であれ、快楽であれ、自分自身であれ、なんであっても、そう長くは辛抱できないのだ。

そのような弱さゆえに、死に追いやられた人たちすらいる。彼らは、ひんぱんに生き方を変えたが、いつも同じところに戻ってきてしまい、ついには新しいことをする余地を失った。すると、彼らは人生に、そして世界そのものに、うんざりしはじめた。そして、享楽の生活によって、生きる力が失われていくと、そこからこんな思いが芽生えてきたのだ——「いったい、いつまで、同じことばかり続くのか」と。

---

6 イタリア半島南部の地方で、風光明媚な保養地。
7 ブルッティウムとルカニアはイタリア半島南部の地方で、山の多い未開地であった。
8 イタリア半島南部にあったギリシャ人の植民都市で、古くから栄えていた。
9 古代ローマの詩人・哲学者（紀元前一世紀）。
10 ルクレティウス『物の本質について』第三巻、一〇六八行。

自分の仕事に打ち込み、状況に応じて、閑暇のなかに避難せよ 3.1

きみがわたしに尋ねているのは、このような退屈に対抗するために、どんな策を講じたらよいのかということだ。

最善の策は、アテノドロス[11]が言うように、実務的な仕事や、公的な職務や、市民の義務などに打ち込むことであろう。たとえば、ある人たちは、日光浴とか、運動とか、体の治療のために一日を費やす。また、スポーツ選手にとっては、大半の時間を割いて自分の筋力や体力――彼らはそのためだけに自分を捧げてきたのだ――を鍛えることが、なにより重要だ。それと同様に、きみのように、国家のために奮闘する心の準備をしている人たちにとっては、仕事に携わることが、なによりも大切なことなのである。じっさい、そのような人は、自国の人々や、さらには全人類の役に立つ人間になろうという気構えを持っている。だから、そんな人が自分を職務の中に置き、公私にわたって力のかぎり勤めるなら、それはよい訓練となり、能力の向上につながるのだ。

※

ところが、アテノドロスは、次のようにも述べている。

3.2 「だが、人間たちの野心がうずまく、これほど正気を欠いた世の中にあっては、虚偽の告発をするたくさんの人たちが、正義をねじ曲げ、不正にしてしまう。実直であっても安全とはいえず、支持されるよりも妨害されるのが常だ。だからこそ、われわれは、公共広場《フォルム》での公的生活から退くべきなのだ。私生活の中であっても、偉大な精神が大きな翼を広げる場所はあるのだから。ライオンのような野獣の場合、檻に閉じ込めれば、その力は封じられる。しかし人間の場合、退いたときに、その活動は最高潮に達するのだ。

3.3 ただし、隠居するときには、気をつけるべきことがある。すなわち、どこに隠れて自分の閑暇を過ごすにせよ、知性と言葉と助言を使って、個々人はおろか、人類全体の役に立ちたいという思いを持つことだ。じっさい、国家の役に立てるのは、官職に

---

11 ストア派の哲学者（紀元前一世紀）。

立候補した人を支援する人や、被告人を弁護する人や、和睦か戦争かを決議する人だけではない。若者を育成する人だってそうだし、よい教師が不足している昨今では、若者の心に徳を植えつける人だってそうなのだ。さらに、金銭や贅沢に向かって突進する者の手をつかんで引き戻してくれる人とか、あるいは、そこまでは無理だとしても、せめてその歩みを鈍らせてくれるような人もそうだ。このような人たちは、私生活の中で、公共の仕事に従事しているのだ。

3.4 それとも、外国人と自国民の間の争いごとを裁く法務官とか、自国民同士の争いごとを裁く法務官のほうが、もっと偉いとでもいうのか。[12] 彼らは、補佐官が作成した判決の言葉を、当事者たちに語っているだけではないか。そんなものにくらべ、これらの人たちは、語ってくれるのだ——正義とは何なのかを。敬虔とは何なのかを。自制心とは何なのかを。勇気とは何なのかを。死を軽蔑するとは、どんなことなのかを。神々を知るとは、どんなことなのかを。そして、良心とは、いかに惜しみなき善であるのかを。

3.5 それゆえ、職務のために奪われていた時間を、学問に振り向けたとしても、自分の仕事を放棄したことにも、軽んじたことにもならない。たとえば、兵士の仕事をしているのは、前線に立って右翼と左翼を守る者だけではない。陣営の門を守る者も同様であり、それほど危険ではないにしても、決して暇ではない仕事をしているのだ。同じことは、夜警の任に当たる者や、武器庫の守備の任に当たる者についてもいえる。これらの任務は、血が流れるようなものではないが、兵士の仕事に含まれるものなのである。

3.6 あなたが学問に専心するなら、あなたは、人生のあらゆる退屈から逃れることができるだろう。昼の光に飽きて、夜が来るのを待ち望むこともなくなるだろう。自分が重荷でなくなるだろう。そして、だれかの役に立てるようになるだろう。あなたは、たくさんの人々を引きつけて、友人にできるだろう。最良の人たちが、あなたのもとに集まってくるだろう。じっさい、徳というものは、いかに微弱であっても、見えなくなることはなく、その信号を外に発している。だから、徳の名に値する人はだれでも、徳の足跡を追って、やってくることになるのだ。

3.7 だが、われわれが一切の人間関係を絶ち、人類と縁を切って、自分だけに目を向け

---

12 管轄する裁判の当事者に外国人が含まれるか否かによって、法務官には二種類があった。

て生きるとしたら、どうなるだろう。そのような孤独な生からは、あらゆる関心が奪われていき、やがてわれわれは、なすべきことを失っていく。すると、われわれは何をやりだすだろう――建物を建ててみたり、壊してみたり、海を「埋め立てて」向こうに押しやってみたり、「庭園を造るために」複雑な地形に無理に川を通してみたりする。ようするに、時間を無駄使いするのだ。自然がわれわれに時間を与えてくれたのは、それをきちんと使うためだというのに。

3.8 時間を大切に使う者もいれば、無駄に使う者もいる。時間の収支簿をきちんと示せ
るように使う者もいれば、残高がなくなるまで使い切ってしまう者もいる。（これほ
ど恥ずかしいことはほかにない。）高齢な老人が、長く生きた証として、自分の年齢
しか示せないこともよくあることだ。」

※

4.1 親愛なるセレヌス君。わたしには、アテノドロスがあまりに簡単に今の時勢に屈し、
あまりに早く逃げ去ってしまったように思われる。もちろん、退却が必要なときもあ
ることは、わたしも否定しない。だが、そのようなときには、一歩一歩、着実に退却

しながら、軍旗を掲げ続けて、兵士の威厳を保たなければならないのだ。降伏するときにも、武器を手放さずにいたほうが、敵が敬意を抱いてくれるから、より安全であろう。

4.2　これこそ、徳の名にふさわしい行動であり、徳に励む者がとるべき行動だと思う。たとえ、運命の力に逆らえずに、行動の機会を奪い去られたとしても、すぐに背を向けて、武器を投げ捨て、隠れ場所を探して、逃げまわるようなまねをしてはならない。(それではまるで、どこかに運命の追って来られない場所があるみたいではないか。)むしろ、そのようなときには、自分に課す義務を控えめにして、国家に貢献できるなんらかの仕事を選べばよいのだ。

4.3　兵役に就くことができないなら、公職を探せばよい。私人として生きるしかないなら、弁護士になればよい。そのような場での発言を禁じられているなら、弁論以外の方法で国民を助けてやればよい。公共広場《フォルム》に足を踏み入れることすら危険なら、家や劇場や宴会の席で、よき仲間として、信頼できる友として、慎み深い客として、ふるまえばよい。国民としての義務を果たせなくなったのなら、人間としての義務を果たせばよい。

4.4 ［ストア派の教えに従う］われわれは、まさにこの［人間としての義務を果たすという］目的のために、気高き精神を抱き、自分を一都市の城壁に閉じ込めることを拒絶したのだ。われわれは、すべての地域との交流に乗り出していき、自分の祖国は世界だと宣言した。それは、徳にもっと広い活動の場を与えるためであった。

きみは、法律家への道を閉ざされるかもしれない。演壇に立って演説することや、政治的な活動をすることを禁じられるかもしれない。だが、そんなときには自分の背後を振り返りなさい。そこには、どれだけ広大な領野が広がり、どれだけたくさんの人々がいることだろう。たとえ、その中の大きな部分が、きみに閉ざされたとしても、それ以上に大きな部分が、きみには残されているのだ。

※

4.5 ところで、きみが語っていた望みは、そのまま、きみの欠点になってしまうかもしれないから、気をつけなさい。きみは、執政官（あるいは、行政長官《プリュタニス》[13]とか、大使とか、総督《スーフェース》[14]の類かな）になれないのなら、国の仕事などしたくないと言っている。[15]しかし、もしきみが、最高司令官や軍団司令官でなければ、戦には出たくないなどと言いだしたら、いったいどんなことになるだろうか。

最前線に立つのはほかの兵士たちで、きみは［最後尾の］第三戦列に配置されるかもしれない。しかしそれでも、きみはそこで声を上げ、激励を発し、模範を示し、気概をもって、兵士としての役目を果たすのだ。両手を切られて失った者も、踏み留まって叫び声で加勢すれば、戦闘で味方に貢献できることを知るのである。きみも、そのようにすべきだ。たとえきみが国家の最前線には立てない運命だったとしても、それでもきみは踏み留まり、叫び声で加勢しなさい。たとえだれかが、きみの首を締め付けたとしても、それでもきみは踏み留まり、沈黙で加勢しなさい。

優れた国民の行動は、決して無駄にはならない。だれかがその声を聞き、その姿を目にすれば、彼の表情、うなずく姿、かたくなな沈黙、そして歩く姿さえもが、役に立つのである。

4.6

13　ギリシャ人都市の官職名。
14　フェニキア人都市の官職名。
15　1・10のセレヌスの発言に対して、セネカはユーモアを交えた解釈をしている。

4.7 健康によいものの中には、食べたり触れたりしなくても、香りだけで効果を持つものがある。徳もこれと同じであり、たとえ遠くにあって隠れていても、役に立ってくれる。徳というものは、外を出歩いて自由に活動しているときもあるし、要請があるまでは外に出られず、やむなく帆を降ろしているときもある。また、狭い場所に閉じ込められ、なにもできずに沈黙しているときもあるし、その姿を明確に示しているときもある。しかし、どんな状態にあるときでも、それは役に立つのだ。なのに、どうしてきみは、静かな生活を立派に送っている人が、役に立つ模範にはならないなどと考えるのか。

4.8 そういうわけで、なによりも優れたやり方は、実務的な生活の中に閑暇を混ぜ込むことだ。とりわけ、運命に邪魔されたり、国の情勢が悪くて、活動的な生活を送れないときにはそうするべきだ。じっさい、すべての可能性が奪われて、栄誉ある活動の余地がなくなってしまうようなことはないのだから。

※

5.1 三十人の独裁者たちによって引き裂かれたときのアテネほど、悲惨な都市がほかにあっただろうか。[16] 彼らは、千三百人もの市民たち、それも最良の市民たちを殺害したが、それではおさまらず、さらに残虐さに拍車がかかっていった。この国には、アレイオス・パゴス[17]という最も神聖なる法廷があり、そこには長老会議と民会（それは長老会議に似たものだ）が置かれていた。その場所に、死刑執行人たちの不気味な集団が毎日のように集まってきて、哀れな議場は、独裁者たちでひしめいた。いったい、こんな国が平和でいられようか。なにしろ、その国には、下僕でもこれだけいれば十分だというくらいの独裁者がいるのだから。人々の心に、自由を取り戻す希望はもたらされず、悪人たちが振るう、あれほど強い力を取り除く見込みもなかった。じっさい、これほど悲惨な国を救うには、ハルモディオスなみの英雄[18]がたくさん必要だが、そんな人たちをどこで見つけろというのか。

16 アテネがスパルタとの戦争に敗れたあと、スパルタの後押しで、三十人の政治家による独裁政権が樹立され、民主制を弾圧した（紀元前四〇四―四〇三年）。

17 アテネの中心部にあった丘。

18 ハルモディオスはアテネの貴族で、紀元前五一四年に、当時の独裁者ヒッピアスを暗殺しようとしたが、失敗して殺された。ヒッピアス追放後、英雄とみなされるようになった。

5.2 だが、ソクラテスは、そんな状況の渦中に身を投げ入れた。彼は、嘆く長老たちをなぐさめ、国家に絶望する人たちを勇気づけた。また、自分の財産の心配をする金持ち連中を叱りつけて言った――そもそも、貪欲は危険を招くものなのに、いまさら後悔しても遅すぎると。さらに、彼を真似したいと欲する人たちには、立派なお手本を示してやった。すなわち彼は、三十人の主人たちの間を、［奴隷ではなく］自由人のように歩いたのだ。

5.3 ところが、［平和が取り戻されたあと］その人を牢獄に閉じ込めて殺してしまったのは、ほかならぬアテネであった。その人は、独裁者たちの群れをあざ笑いながら、傷つけられることがなかった。そんな彼の自由に、自由［を取り戻したアテネ］は我慢がならなかったのだ。きみにも分かるだろう。国家が存亡の危機にあるときには、賢者にも、その存在を示す機会がある。だが、国家が繁栄し、幸福なときには、金銭欲や嫉妬心のような無数の卑劣な悪徳が、人々を支配するのだ。

5.4 そういうわけで、国家がどんな状況にあるかや、運命がどれだけのことを許してくれるかに応じて、われわれの活動は、拡張されたり、縮小されたりすることであろう。しかし、いずれにしても、われわれは活動を続けていけるであろうし、恐怖心に捕らわれて、活動を止めてしまうこともないであろう。そう、まことの男子であるならば、四方から危険に取り囲まれようが、周囲から武器や鎖の音が聞こえてこようが、勇気を危険にさらしたり、押し隠したりはしない。じっさい、自分をどこかに隠しても、自分を救ったことにはならないのだから。

5.5 クリウス・デンタトゥス[19]がいつも口にしていた言葉は、真理だと思う。いわく、死人のように生きるくらいなら、死んでしまったほうがましであると。なるほど、究極の悪とは、死ぬ前から、生きている者のうちに数えてもらえなくなることなのだ。

いずれにせよ、国事に携わる中で、ものごとが思い通りに進まないようなときには、より多くの閑暇を作り、学問のために使うべきであろう。危険な航海をするときのように、こまめに安全な港を探すのだ。公務が自分を解放してくれるのを待っていてはいけない。みずからの手で、自分を公務から解放するのだ。

19 61頁注42参照。

仕事においてわれわれが吟味しておくべき三つのこと

6.1 だが、そのさい、われわれが吟味しておくべきことがある。すなわち、第一に、自分自身を吟味するべきである。第二に、自分の仕事の内容を吟味するべきである。そして第三に、その仕事を誰のために、また、誰と一緒にするかを吟味するべきである。

6.2 さて、このうち、いちばん重要なのは、自分自身を正しく評価することだ。というのも、われわれは、自分の能力を過大評価しがちだからである。たとえば、ある人は、自分の弁舌能力を過信して失敗する。ある人は、無理をして、自分の財力では不可能なことをする。またある人は、虚弱な体を、激務のために酷使する。

ある人は、内気なために、政治には適さない。政治には、堂々とした態度が必要だからだ。また、ある人は、頑固なために、宮仕えには向かない。ある人は、怒りを抑えることができず、些細なことに憤慨して、軽率な暴言を吐いてしまう。ある人は、機知を抑制するすべを知らず、つい危険な冗談を口にしてしまう。こうした人たちはみな、仕事をするよりも、静かにしていたほうが身のためだ。また、気が荒くて短気な人は、刺激されるままに自由にふるまって、面倒を起こさないように気をつける必要がある。

考えるべきは、きみの性格が実務的な活動に向いているのか、それとも閑暇の中で学問や思索をすることに向いているのかということだ。きみのもって生れた力が導いてくれる方向に、向かっていくべきなのである。イソクラテスは、エフォロスを政治の道からむりやり引き離した[20]。歴史の記録を書く仕事をしたほうが、役に立てると判断したからだ。じっさい、人間の才能というものは、無理強いをしても、うまく応えてくれない。もって生れたものに逆らうと、努力も無駄に終わるのである[21]。

※

6.3 次に、われわれがしようとしている仕事の内容を正しく評価し、われわれの力量を、われわれの為そうとしていることと比較しなければならない。なぜなら、仕事をする

20 イソクラテスは、アテネの弁論術教師（紀元前四世紀）。エフォロスは、イソクラテスの弟子で、歴史家。

21 この一段落の文章は、底本では7・2に含まれているが、別の箇所からの混入と考えられている。本訳では、本来あったと推測されるこの場所に移動させた。

人の力量は、その仕事に必要な力量を、常に上回っていなければならないからだ。運び手の力を超える荷物が、運び手を押しつぶしてしまうのは、当然のことであろう。

さらにいえば、仕事の中には、大変ではないが多産なものがあり、たくさんの仕事を次々に生み出していく。そのような、新たな雑用を生み出す仕事は避けるべきだ。また、自由に退くことができない仕事にも、近づくべきではない。ようするに、手を出してもいいのは、終わらせることができるか、あるいは少なくとも、それを期待できる仕事だ。そして、手を出すべきでないのは、やればやるほど際限がなくなっていき、決めたところで終わらない仕事なのである。

6.4

※

人間については、とりわけきちんと選ぶ必要がある。すなわち、はたしてその相手は、われわれの人生の一部を捧げるに値する人なのであろうか。また、その相手は、われわれが自分の時間を犠牲にしていることに、感謝してくれているであろうか。じっさい、奉仕をさせてやったと、われわれに感謝を求めてくるような連中もいるのだから。

7.1

7.2 アテノドロスはこう言っている——わざわざ出向いたのに、それになんの借りも感じないような人のところには、食事に招かれても行きたいとは思わないと。きみなら分かってくれると思うが、ましてや彼は、友人たちの奉仕への返礼として、それに見合ったご馳走に招くような連中のもとに行こうとはしないであろう。こんな連中は、料理を施し物だとでも思っているのだろう。まるで、自分が他人への敬意に満ちあふれているといわんばかりではないか。こんな連中からは、その目撃者や見物人「である食事の同席者たち」を奪い去ってやればいい。ひとりで食べるご馳走は、さぞや退屈だろうからね。

7.3 信頼に満ちた心地よい友情ほど、心に喜びを与えてくれるものはない。友の心のあるところには、どれほどの善があることだろう。友は、ひとには言えないようなことを、なんでも内緒で受け止めてくれる。自分の胸のうちに秘めているよりも、友と分かち合ったほうが、憂いが少なくなる。友の言葉は、苦しみをやわらげてくれる。友の助言は、決断を引き出してくれる。友の明るさは、悲しみを追い散らす。友の姿を見るだけで、喜びがあふれてくる。

われわれは、できるかぎり欲の少ない人を、友に選ぶのがよい。なぜなら、欠点がいろいろとあれば、それは密かに忍びよってきて、だれかれかまわず近くの人に飛び移り、触れるだけで害を及ぼすからだ。

7.4 それは、伝染病の流行のようなものだ。そのようなときには、病に感染して、病のために高熱を出している体のそばに座ってはならない。なぜなら、そんなことをすれば、われわれは危険を招き寄せ、息がかかるだけで病気に感染してしまうからだ。これと同じことが、友を選ぶときにもいえる。われわれは、その人柄をよく見て、できるだけ心の汚れていない人を友に選ぶ努力をしよう。健康が病と交じり合うことが、病気の始まりなのだから。

わたしは、なにもきみに、賢者以外には従うなとか、賢者以外とは付き合うななどと言っているのではない。じっさい、われわれが何世紀もの間、探し続けているその人に、きみがどこで出会えるというのだろうか。最善の人でなくとも、できるだけ悪の少ない人であるなら、それでよいのだ。

7.5 きみが、プラトン[22]やクセノフォン[23]のような、ソクラテスの血統に属する人々の中に、よい人を探し求めることができたとしよう。あるいは、カトー[24]の生きた時代に行くことができたとしよう。しかし、仮にそんなことができたとしても、きみが、今よりも幸福な友人選びをできる可能性は、ほとんどないだろう。たしかに、カトーの時代は、その時代に生れるにふさわしい、たくさんの偉大な人物を生み出した。だが、それと同時に、ほかのどの時代よりもたくさんの悪人や、凶悪犯罪を企てる人々が存在していたのだ。じっさい、カトーの真価が理解されるためには、どちらの種類の人間も必要であった。すなわち、カトーには、自分を認めてくれる善き人々も、自分の力量の試金石となってくれる悪しき人々も必要だったのである。いずれにせよ、今の世は、善き人々が不足しているのだから、友人を選ぶときに、あまり選り好みをするべきではないのだ。

とはいえ、陰気な人とか、いつも愚痴ばかり言っている人などは、とくに避ける必要がある。たとえ、いつも誠実で親切であったとしても、一緒にいる仲間が不安げだったり、ため息ばかりついていたりしたら、それは安定の敵でしかないのだから。

22　古代ギリシャの哲学者で、ソクラテスの弟子（紀元前四世紀）。
23　古代ギリシャの作家で、ソクラテスの弟子（紀元前四世紀）。
24　123頁注29参照。

7.6

質素な生活をこころがけよ

8.1 では、次に、財産をめぐる話に移ることにしよう。これは、人間の抱える厄介事の中でも、最大のものだ。たしかに、これ以外にも、われわれを苦しめる厄介事はいくらでもあろう。たとえば、死や、病気や、不安や、欲望や、痛みと苦しみに耐えることなどだ。しかし、金銭がわれわれにもたらすさまざまな害悪のほうが、これらのいずれに比べても、はるかに厄介なものなのである。

8.2 そこで、まず心に留めるべきは、持たないほうが、失うよりも、はるかに苦痛が少ないという事実だ。そうすれば、われわれは理解するだろう——貧乏であれば、失うものが少ないぶん、苦しみも少ないのである。金持ちのほうが、損失に平然と耐えられるだろうときみが考えるなら、それは間違いだ。体が大きかろうが小さかろうが、傷の痛みは同じなのだから。

8.3 ビオン[25]は、うまいことを言っている。いわく、髪の毛をむしりとられたら、頭が薄かろうが濃かろうが、同じように痛いと。これと同様に、貧乏人だろうが金持ちだろうが、痛いのは同じだということがわかるだろう。金銭はどちらの人にもぴったりと張り付いているから、痛みを与えずに引きはがすことなどできないのだ。

これに対して、すでに述べたように、手にしていないほうが、手放すよりも、たやすく耐えられるし、気楽でもある。だからこそ、きみも気づくだろうが、運命の女神のほほえみを受けたことのない人のほうが、運命の女神に見放された人よりも、快活なのである。

※

偉大な精神の持ち主であるディオゲネス[26]には、このことが分かっていた。だから彼は、自分からなにかを奪い去ることができないようにしたのである。きみはそれを、貧乏とでも、貧困とでも、貧窮とでも呼ぶがいい。きみの付けたい不名誉な名を、この心安らかな状態に付けてやればいいのだ。それともきみは、なにひとつ失うことの

25 古代ギリシャの哲学者（紀元前三世紀）。
26 紀元前四世紀の古代ギリシャの哲学者、「シノペのディオゲネス」のこと。キュニコス派の教えに従い、ほとんどなにも所有せずに、浮浪者のような生活を送った。

ない別の人物を、見つけることができるのかね。もしそれができるなら、わたしも、彼のことを幸福だとは思わないようにしよう。

わたしが間違っていなければ、貪欲な人や、詐欺師や、盗っ人や、人さらいの群れの中にあって、ただひとり傷つけることができないということは、玉座にあるということなのだ。

もし、ディオゲネスの幸福を疑うなら、不死なる神々の境遇にすら、疑いの目を向けることができるだろう。すなわち、神々の生も、それほど幸福なものとはいえないのではあるまいか。なぜなら、神々には、地所も庭園も、外国の借地人に貸す土地も、公共広場《フォルム》で得られる巨額の利益もないからだ。だが、もしそんな富に心を奪われるとしたら、きみは自分が恥ずかしくはないだろうか。

天に目を向けなさい。きみは、神々がなにも身につけていないのを見るだろう。神々は、なにも所有していないのに、すべてを与えてくださる。

この人物は、運命が与えるものをすべて捨て去った。そんな人を、きみは貧しい人と思うだろうか。それとも、不死なる神々に似た人と思うだろうか。

※

8.6 きみは、デメトリウス[27]のほうが［ディオゲネスよりも］幸福だと思うかね。もとはポンペイウス[28]の奴隷であったこの男は、自分がポンペイウスよりも裕福であることを恥じることもなかった。彼は、まるで司令官が軍隊の閲兵をするかのように、奴隷の数を毎日数えさせていた。しかし、そんな彼も、以前なら、［奴隷の下働きをする］見習い奴隷がふたりもいて、広めの奴隷部屋まであれば、十分に豊かだと思っていたことだろう。

8.7 これに対して、ディオゲネスは、彼のただひとりの奴隷が逃げ出したとき、その潜伏先を知らされたが、あえて連れ戻すまでもないと考えた。彼はこう言った。「恥ずかしいことではないか。［奴隷の］マネスのやつは、ディオゲネスなしでも生きていける。なのに、ディオゲネスのほうは、マネスなしでは生きていけないとは」

27 ポンペイウスの解放奴隷で、非常に裕福だったといわれている。

28 31頁注19参照。

彼の言葉は、わたしにはこう聞こえる。「運命よ。あなたは、ご自分のお仕事をなさるがいい。ディオゲネスはもう、あなたとは関係がありません。奴隷がわたしから逃げた。違います。わたしが、自由の身になって、出て行ったのです」

8.8 家に奴隷を置けば、衣食が必要だ。大食らいの生き物たちの、たくさんの胃袋を満たしてやらねばならないし、着物だって買ってやらねばならない。なかにはとても手癖の悪いのもいるから、きちんと見張っていなければならない。泣こうが、駄々をこねようが、働かさなくてはならない。それに比べれば、あのディオゲネスのほうが、はるかに幸福ではないか。なにしろ、彼はたったひとりの人間にしか借りがなく、その求めも気軽に断ることができるのだ——それは自分自身なのだから。

8.9 しかし、そうはいっても、われわれは、彼のように強い人間ではない。だから、せめて財産を小さくして、過酷な運命にできるだけさらされないように気をつけるべきなのだ。戦闘に好都合の体とは、自分の甲冑にぴったりと納めることのできる体であって、甲冑に納まりきらず、大きすぎて、いたるところに傷を負いやすい体ではない。金銭もこれと同じだ。その理想的な量とは、貧困に陥ることも、貧困から遠く離れてしまうこともない程度の量なのである。

※

9.1 われわれは、以前から倹約を心がけてきた。そうであれば、われわれは、ほどほどの財産でも満足できるだろう。じっさい、倹約なしには、どれだけの財産でも十分とはならず、どれだけの財産でも満足が得られないのだ。それだけではない。われわれは、［貧困に対する］治療薬を手に入れたことにもなるのだ。というのも、倹約の力を使えば、たとえ貧乏な生活をしていたとしても、それをそのまま豊かな生活にすることができるのだから。

9.2 虚飾から身を遠ざけよう。ものごとの価値を、見た目ではなく、内実で評価する習慣をつけよう。食べ物は、飢えをしのげるものでよい。飲み物は、渇きをしのげるものでよい。欲求は、必要なものだけを満たせばよい。自分の手足に頼るすべを学ぼう。衣服や生活の流儀は、流行を追いかけるのではなく、父祖の習慣に従うことを学ぼう。克己心を強めるすべを学ぼう。贅沢を控えるすべを学ぼう。虚栄心を抑えるすべを学ぼう。怒りを静めるすべを学ぼう。偏見のない目で貧困を見るすべを学ぼう。つつましさを実践するすべを学ぼう。たとえ多くの人に恥だと思われようとも、自然の欲求は、安価な手段で満たしてやることを学ぼう。度を超えた望みや、未来の方ばかり見ている心を、鎖で縛るように押さえ込むすべを学ぼう。幸運の中にではなく、自分の中に富を探し求めるすべを学ぼう。

われわれに降りかかる災難は、多種多様で、不公平なものであり、すべてをはねつけることは不可能だ。帆を大きく広げて航海をしていると、たくさんの嵐に襲われてしまう。それゆえ、われわれは活動の範囲を狭めて、運命の矢が当たらないようにしなければならないのだ。だからこそ、追放などのさまざまな災難が、かえって救いになるときもある。軽い損害を受けることによって、重い損害を受けずにすむのだ。精神がまったく命令を聞かず、穏やかな方法で治療することができないときには、貧困や失脚や破産をうまく利用し、悪をもって悪を制しても、精神のためになる。

そういうわけで、われわれは、たくさんの客を招かずに食事をする習慣を身につけよう。少ない奴隷でやっていく習慣を身につけよう。実用的な服を手に入れる習慣を身につけよう。狭い家に住む習慣を身につけよう。

トラック競走や、競技場での戦車競走だけでなく、人生という競走路においても、われわれは、より内側の走路を走らなければならないのである。

9.3

※

9.4 学問のために出費するのは、とてもよいことだ。だが、それが理にかなうのは、限度をわきまえているときだけだ。数えきれないほどの書物を蔵書にしても、その持ち主が書名に目を通すことさえ、一生かけてもできないのなら、なんの意味があるだろう。書物の山は、学ぶ者を押しつぶすだけで、なにも教えてはくれない。多数の作家によって道に迷うより、少数の作家に身をまかせたほうが、はるかによい。

9.5 アレクサンドレイア図書館の四万巻の書物が焼失した[29]。その蔵書を、王家の富の壮麗な記念碑としてたたえる者もいるだろう。たとえば、ティトゥス・リウィウス[30]は、それが「歴代の王たちの洗練された趣味と情熱によって生み出された優れた業績」であったと述べている。だが、それは、洗練された趣味でも情熱でもなく、学問的な放

29 紀元前四八年にカエサルがアレクサンドレイアを攻めたとき、大図書館の蔵書が焼失したといわれている。

30 ローマの歴史家（一世紀）。

蕩にすぎなかった。いな、学問的ですらない。なぜなら、王たちが書物を収集したのは、学問のためではなく、見世物にするためだったのだから。子どもほどの教養もない、たくさんの無学な人々にとって、書物は、学問の道具ではなく、宴会場の装飾にすぎないが、それとなんら変わらないのである。そういうわけで、書物は十分に買う必要があるが、しかし一冊たりとも飾りにしてはならない。

9.6　きみはこう言うかもしれない。「コリントス製の青銅器とか、絵画などのために金を浪費することに比べたら、こちらのほうが、まだしも立派ではありませんか」と。だが、どんなことであっても、やり過ぎはよくないのだ。シトロン材や象牙で作られた［高級な］本棚を欲しがり、無名作家や三流作家の本ばかり蒐集して、何千冊もの本の山の中であくびをしながら、その装丁と題名を眺めるのを無上の喜びにしているような連中を、きみが許していい理由はあるまい。

9.7　とても不精な人の家にも、演説本や歴史本がなんでも揃っていて、天井まで本棚が積み上げられているのを、きみは目にすることだろう。今や、水浴室や温浴室とならんで、蔵書もまた、屋敷の飾りとして、欠かせない設備になっている。

　これが、学問に対する過度の情熱ゆえのあやまちであるなら、もちろん、わたしも許すだろう。だが、じっさいには、蒐集された聖なる天才たちの著作は、一緒に並べられる彼らの肖像画ともども、これ見よがしの壁飾りにするために、しつらえられたものなのだ。

自分の境遇に慣れ、運命の不意打ちを警戒せよ

たぶん、きみは、なにごとか人生の難局に陥ったのだろう。きみは、自分でも気づかぬうちに、公生活の問題なのか、私生活の問題なのかは知らぬが、首に縄をかけられ、抜け出すことも、断ち切ることもできずにいるのだ。

だが、考えてほしい。足かせをはめられた囚人も、はじめのうちは、足が重く不自由なことに苦しむ。だが、やがて彼は、ぶつくさ言うのをやめ、我慢しようと腹を決める。あらがいようのない状況が、勇敢に耐えるすべを、彼に教えてくれるのだ。慣れというものが、平然と耐えるすべを、彼に教えてくれるのだ。きみは、人生のどんな局面にいようとも、そこに、なぐさめと、気晴らしと、楽しみを見いだすことができる。そのためには、災難を軽いものと考え、それを苦痛のたねにしないよう心がければよいのだ。

10.2 自然がわれわれに与えてくれた恩恵の中で、これほどありがたいものはない。自然は、われわれがどんな苦しみを背負って生れてくるかを知っている。だから、損害を和らげる手段として、慣れというものを作り出し、きわめて過酷な災難にも、すぐになじませてくれるのである。じっさい、逆境の最初の衝撃が、その後も同じ力を持ち続けるなら、われわれは、それに耐えることなどできまい。

※

10.3 われわれはみな、運命の鎖に縛られている。黄金の鎖でゆるく縛られている人もいれば、卑金属の鎖できつく縛られている人もいる。だが、そんな違いがなんだというのか。すべての人間は、みな同じ牢獄の中に縛り付けられているのだから。そして、誰かを縛れば、自分も縛られるのだ。もしかしたら、きみは、左手を縛る鎖のほうが軽いと思っているかもしれないがね。[31]

肩書きに縛られる人もいれば、財産に縛られる人もいる。高貴な家柄に押し潰される人もいれば、卑しい家柄に押し潰される人もいる。他人の命令の言いなりになる人もいれば、自分の命令の言いなりになる人もいる。追放されて、ひとつの土地に縛られる人もいれば、聖職者になって、［宗教的な理由から］ひとつの土地に縛られる人もいる。人生はすべて、隷属ではないか。

10.4 だからこそ、自分の境遇に慣れなさい。できるだけ、自分の境遇に不平をもらさないようにしなさい。自分のまわりに有用なものがあれば、どんなものでも、しっかりとつかみ取りなさい。どれほど悲惨な状況にあっても、精神が安らかであれば、かならずや、なぐさめを見出せるであろう。

よくあることだが、小さな土地も、上手に区分ければ、いろいろな使い道がある。狭い空間も、配置を工夫すれば、立派に人が住める。難しいことが起こったら、頭を使いなさい。そうすれば、硬いものでも、柔らかくすることができる。狭いものでも、広くすることができる。重い荷物も、上手に背負えば、軽くすることができる。

10.5 さらにいえば、あまりに遠くにあるものを、欲望に追い求めさせてはいけない。だが、身近にあるものなら、追い求めるのを許してやろう。なぜなら、欲望というものは、完全に封じ込められることには、耐えられないからだ。手に入れることができな

31 看守が囚人を連行するとき、看守の左手と囚人の右手を鎖で縛ってつないだ。

いものや、手に入れるのが難しいものはあきらめ、近くにあって、手に入るとわれわれが期待できるものを追い求めよう。ただし、われわれは、肝に銘じておかねばならない。そのようなものは、すべて軽薄なものなのである。たとえ、外見はいろいろな姿をしているとしても、その内実は、ひとしく空虚なのだ。

また、われわれは、高い地位に就いている人たちを、うらやましいと思わないようにしよう。高くそびえ立っているように見えるのは、じつは断崖なのだから。

他方で、運悪く危機的な状況に陥ってしまったときには、自慢したくなるような場面でも自尊心を抑え、自分を幸運とみなす基準をできるだけ低くすれば、より安全であろう。

じつは、みずからの高い地位に、しかたなくしがみついている人たちも多いのだ。というのも、彼らは、そこから降りようとすれば、転落するほかないからである。彼らは、こう打ち明けてくれることだろう——自分がいちばん心配しているのは、自分がほかの人たちの厄介なお荷物にならざるをえないという、まさにその点なのだ。というのも、自分は、べつに彼らに支持されてこの地位に就いたわけではなく、たんに、この地位をあてがわれたにすぎないのだからと。そのような人たちは、公正と親切と慈愛を心がけ、寛大で慈悲深い手を、人々にさしのべてやりなさい。やがて来る災難に備え、保険をたくさんかけておくのだ。そんな保険を頼みの綱にすれば、その地位にぶら下がっていても、少しは安心できるというものだ。

とはいえ、われわれをこのような精神の動揺から解放してくれる最も優れた方法は、つねに自分の出世の上限を決めておくことだ。どこでやめるかを運まかせにせず、そのはるか手前で、自分からやめるのだ。もちろん、そのようにしても、精神を駆り立てる欲望は、いくらかは残るだろう。しかし、その欲望は、限度をわきまえている。だから、精神が、不確実な領域に、どこまでも連れて行かれてしまう心配はないのだ。

※

不完全で、凡庸で、不健全な人々に向けて、わたしはこの話をしている。この話は、賢者に向けられたものではない。賢者なら、びくびくしながら、慎重に歩く必要はないのだ。じっさい、賢者は自分を深く信頼している。だから、賢者はためらうことなく運命に逆らうし、たとえ逆らっても、運命に屈することはないであろう。

そもそも、賢者には、運命を恐れる理由などない。賢者は、財産や所有物や社会的地位ばかりでなく、自分の体や目や手のような、生きるために大切な意味を持つものでさえ——いな、自己そのものすら——あてにはできないとみなしているからだ。賢者は、それらが自分に貸し与えられたものであるかのように生きている。だから、返却を求められれば、文句も言わずに返すことであろう。

11.2 だが、賢者は、自分が自分のものではないと知っているからといって、それゆえに自分が無価値だなどとは考えない。むしろ逆に、賢者は、なにをするにも、とても慎重で注意深い。そのさまは、信心深い聖者が、自分に託されたものを大切に守っているかのようだ。

しかし、返却を命じられたときには、賢者は運命に文句を言わない。むしろ彼は、運命にこう語りかけることであろう。

11.3 「このようなものをわたしが手に入れ、今まで所有してきたことに、感謝いたします。わたしは、あなたの財産を管理することによって、大きな利益を得ることができました。ですが、あなたがそのように命じるのであれば、お返しいたしましょう。感謝しつつ、喜んで命令に従います。もしあなたが、ご自分の所有物のいくばくかを、今後もわたしが持つことを望まれるのであれば、わたしはそれを守っていきましょう。

しかし、それを望まれないのであれば、わたしの銀器も銀貨も、わたしの家屋も家族も、お返しし、お戻しいたします」

もし自然が、以前われわれに預けたものを返せと言ってきたら、われわれは自然に対して、こう言うだろう。

「では、この魂を受け取ってください。あなたが与えてくださったときよりも、よいものになっていますよ。わたしは、ひるみもしませんし、逃げもしません。もう心を決めて、あなたにお渡しする用意ができているのです――わたしに意識が芽生えるまえに、あなたが与えてくださったこの魂を。さあ、持っていきなさい」

きみは、自分がそこから生まれてきた場所に帰っていく。なにが大変だというのか。よい死にかたを知らぬ者はみな、悪い生きかたをするだろう。だから、われわれはまず、そのようなものをなにより大事とする考えを捨て、生命をたいして価値のないものとみなすべきなのだ。キケロも言うように、[32] 剣闘士が、あらゆる手で生きのびようとするなら、われわれはその剣闘士に幻滅する。しかし、命をものともしない姿を示

32 キケロ『ミロー弁護』九二参照。

すなら、われわれはその剣闘士に魅せられる。きみにも分かるだろうが、われわれだって、これと同じなのだ。じっさい、死を恐れるがゆえに死を招いてしまうことが、しばしばあるわけだから。

11.5 運命の女神は、われわれをからかって、こう言うことだろう。「いったい、どうやって、きさまを生かせというのか。このろくでなしの臆病な生き物め。みろ、切り傷も、刺し傷も、ますます深くなっていくではないか。きさまが首の差し出しかたを知らぬからだ。だがな、きさまが首を引っ込めたり、手でかばったりせずに、勇敢に剣を受け止めるなら、きさまは、もっと長く生きることも、もっと楽に死ぬこともできるのだぞ」

11.6 死を恐れる者は、生きていると胸を張れるようなことを、なにもしないだろう。だが、母胎に宿されたときに、自分に死が固く定められたことを知った者は、その定めに従順に生きることだろう。また、それと同時に、彼は、同様の強い心をもって、示してくれることだろう――いかなる出来事も、決して予期不可能なものではないのだということを。すなわち、彼は、起こりうるすべてのことを、現実に起こるものと想定して用心する。そうすることで、彼は、すべての災いの打撃を和らげるのだ。そのような打撃は、あらかじめ予期して備えている者にとっては、たいしたものではない。だが、安穏として、うまくいくことしか考えていない者にとっては、重い一撃となるのである。

※

この世には病気がある。投獄や、天災や、火災もある。だが、こうしたものはみな、不意にやって来るようなものではない。じっさい、わたしは、この喧騒に満ち満ちた世間――自然が、わたしをそこに押し込めたのだ――の中で、それらを見知ってきたではないか。いくどとなく、わが家の近所から、死者を悼む嘆きの声が聞こえてきた。いくどとなく、わが家の玄関先を、夭折した子どもの葬列が、たいまつとろうそくに先導されて、通りすぎていった[33]。建物が崩れ、崩壊の音が鳴り響くことも、しばしばあった[34]。公共広場《フォルム》や、元老院や、日ごろの会話の中で、懇意になったたくさんの人た

33 89頁注81参照。
34 当時のローマで一般的だった高層の集合住宅は、強度不足で倒壊することが珍しくなかった。

ちを、一夜にして奪われてしまったこともある。友情で結ばれた手と手が、一夜にして切り離されてしまったのだ。こうした危険は、いつだって、わたしのまわりをうろついていた。それがあるとき、わたしに襲いかかってきたとしても、なにを驚くことがあろうか。それなのに、大多数の人たちは、航海に出ようとするとき、嵐に遭うとは考えもしないのである。

11.8 わたしは、評判の悪い作家から引用しても、それが優れたものであれば、決して恥ずかしいとは思わない。プブリリウス[35]もそのひとりだ。彼が、滑稽劇のばかばかしさや、観客におもねる台詞を捨て去るとき、その迫力は、優れた悲劇詩人や喜劇詩人をしのいでいる。彼は、喜劇はもとより、悲劇の台詞よりも力強い言葉をたくさん残しているが、その中に、「だれかに起こりうることは、だれにも起こりうる」という言葉がある。この言葉を深く肝に銘じて、毎日たくさん目にしている他人の災いは、みな自分にも容赦なく襲いかかってくるものなのだと用心するなら、そのひとは、襲われるはるか以前に、武装を整えることだろう。危険がやってきてから、心が危険に耐える準備をはじめても、手遅れなのだ。

11.9 「こんなことが起こるなんて、思いもしなかった」「こんなことになるなんて、あなたは信じられますか」——もちろん、信じられる。どれほどの富であっても、その背後には、貧困と、空腹と、物乞いが付き従っているではないか。どれほどの身分であっても、［その身分の高さを象徴する］高官の服や、卜占官の杖や、貴族の靴紐の背後には、汚穢と、不名誉な烙印と、幾千もの恥辱と、このうえない侮辱が付き従っているではないか。どれほどの王権でも、崩壊と、蹂躙と、そして［新たな］君主と処刑人が待ち受けているではないか。その間にある隔たりは、大きなものではない。玉座に座する時と、他人の膝に屈する時の間には、ほんのわずかの時間しかないのである。

※

だからこそ、気づいてほしい。すべての状況は、変化していく。だれかに起こることは、きみにも起こりうる。

きみが裕福だとしても、まさかポンペイウス[36]より裕福だなんてことはありえまい。

35　ローマの滑稽劇の作家（紀元前一世紀）。

11.10

ところが、彼の古い親戚にして、新しい主人であるガイウス［・カリグラ］帝が、彼に屋敷を引き払わせ、皇帝の屋敷に招いた。すると彼は、［幽閉されて］パンや水にも不自由した。彼は、たくさんの河川を所有し、その水源も河口も、自分の領地内にあるほどであった。ところが、その彼が、ほんの数滴の水を求めて懇願したのである。彼は、親戚の宮殿の中で、飢えと渇きによって死んだ。そして、飢えに苦しむ彼のために、その遺産相続人［であるガイウス帝］は、国葬の準備を整えていたのであった。

11.11 きみが数々の重要な役職を歴任したとしても、まさかそれは、セイアヌスが担ったほどに重要で、思いもよらない、広範囲にわたる役職ではありえまい。ところが、その彼を、元老院は牢獄に送った。そして、その日のうちに、民衆が彼を八つ裂きにしたのだ。[37]神々も人間も、ありったけのものを集めて、彼に貢いだ。ところが、そんな彼から死刑執行人がくすね取れるようなものは、なにひとつ残されていなかったのである。

11.12 きみが王だとしても、わたしはきみを、クロイソス王のような目にはあわせたくない。クロイソス王は、自分を火あぶりにするたきぎの山に火が放たれ、そして消えていくさまを、生きながらに目撃した。彼は、王国の滅亡を生き延びてしまっただけでなく、自らの死をも生き延びてしまったのだ[38]。さらに、わたしはきみを、ユグルタ王[39]のような目にもあわせたくない。ユグルタ王は、ローマ市民を恐怖に陥れたが、それから一年もしないうちに、［捕らえられて］ローマ市民の見世物にされたのだ。ほかにも、われわれは、アフリカのプトレマイオス王[40]や、アルメニアのミトリダテス王[41]が、ガイウス帝の虜囚となるのを見ている。後者は［ローマという］追放の地に送られ、前者は、もっと寛大な追放を願ったのであった[42]。

36 一世紀のローマの政治家で、大ポンペイウスの子孫のセクストゥス・ポンペイウスのこと。
37 セイアヌスは、ティベリウス帝の近衛軍団の長官。帝に信頼され、帝がローマを離れて隠遁していた時期に、政治の実権を握ったが、その野望を恐れた帝によって元老院に告発され、処刑された。処刑後、その遺体は、彼を憎悪する民衆によって八つ裂きにされた。
38 ヘロドトス『歴史』一巻八六以下によれば、リュディア王クロイソスは、ペルシャに敗れ、火あぶりにされそうになったが、ペルシャ王の憐れみにより、死を免れたという。
39 北アフリカのヌミディアの王。ローマに反抗したが、捕らえられ、ローマで処刑された。
40 アフリカのマウレタニアの王。ローマに招かれ、捕らえられた。
41 アルメニアの王。ローマに招かれ、捕らえられた。
42 ミトリダテス王は、その後、帰国を許されたが、プトレマイオス王は処刑された。

以上のように、ものごとは、上へ下へと変転している。それなのに、起こりうることならいずれは起こるだろうと備えていないなら、きみは逆境の力に屈してしまう。しかし、その姿を先んじて捉えるなら、だれでも逆境を打ち砕くことができるのだ。

無益な仕事を離れて自己に立ち返り、逆境においても自分を見失うな

12.1 以上の話に続けて、次のように言おう。われわれは、無益な目的のために仕事をすべきではないし、無益な動機から仕事をすべきでもない。つまり、われわれは、実現できないことをしようとしてはならないし、多大な苦労をして実現したあとから、自分の欲望の空しさを思い知るようなことをしてはならない。ようするに、われわれは、なんの成果も得られない無駄な仕事をするべきではないし、得られる成果に見合わない仕事をするべきでもないのだ。なぜなら、うまくいかなかったり、うまくいっても、恥じたりすれば、たいていは悲痛な気持ちになるからである。

12.2 あちこち走り回るようなまねはやめよう。それではまるで、家や劇場や公共広場《フォルム》をうろついている大多数の人々と同じではないか。彼らは、他人の用事に首を突っ込み、いつもなにかに忙しそうにみえる。だが、彼らのひとりが家から出てきたところをつかまえて、「あなたは、どこに行くのですか。そして、何をするつもりなのですか」と尋ねてみたまえ。彼はきみに、こう答えるだろう。「じつは、わたしも知らないのですよ。ですが、だれかに会って、なにかをするつもりですよ」

12.3 彼らは、いきあたりばったりに歩き回り、用事を探す。そして、自分で決めた用事ではなく、たまたま出会った用事をする。彼らは、なんの考えもなしに、空しく歩き回る。まるで、やぶを這うアリが、枝先と根元の間を、空しく行ったり来たりしているかのようだ。これと同じような生活を、たくさんの人たちが送っている。そんな彼らの生活を、休む暇もない怠惰と呼んでも、不当ではあるまい。

12.4 まるで火事場に駆けつけるみたいに、走り回っている人たちもいる。そんな人たちを見て、きみは哀れに思うことだろう。彼らは、出会う人たちに次々とぶつかり、自分も相手も突き倒してしまう。いったい、彼らはなんのために走り回るのか。あいさつに答えてもくれない相手に、伺候のあいさつをするためだ[43]。あるいは、知らない人の葬式に出たり、争いごとの絶えない人の裁判に出たり、結婚を繰り返す女性の婚約

43 21頁注6参照。

式に出たりするためだ。さらには、［有力者の乗る］レクティカ[44]の後に付き従うためだ。（場所によっては、彼らは、レクティカを担ぎさえするのだ。）そうして、彼らはやがて、無意味な仕事に疲れ果てて、家に帰る。そして、こうつぶやくのだ――まったく、分からない。自分は何をしに出かけていたのか。いや、そもそも、自分はどこにいたのかと。ところが、翌日になると、彼らはまた同じ道をたどり、さまよい歩くことになるのだ。

12.5 そういうわけだから、どんな仕事をするときでも、かならず一定の目的を設定し、その目的を見すえる必要がある。そして、仕事に専心すれば、心がぐらつくことはない。だが、そうしないと、ひとは、ものごとに対する誤った思いにとらわれて、まともな判断力を失ってしまうのだ。なぜか。そんなひとは、なにかの期待がなければ、動きはしない。だから、そんなひとは、なにか見てくれのよいものに、おびき寄せられてしまう。そして、心がその虜になると、ひとはもう、その空虚さを見抜けなくなってしまうのである。

12.6 それと同じように、あの人たち――すなわち、外出しても、群集を大きくすることしか能のない人たち――も、それぞれが、空しく軽薄な理由で、街中をうろつき回っている。彼らは、なにもすることがないのに、夜が明けるやいなや、あわてて家を飛び出していく。そして、たくさんの家の玄関先で「ごきげん伺いをしようと」押し合いへし合いする。だが、その努力も空しく、取次ぎの召使にあいさつするだけで、たくさんの家から閉め出されてしまう――家の中で会うのがいちばん難しいのは、ほかならぬ彼自身だ。

12.7 このような悪習は、やがて、あの最も忌まわしい悪徳へと成長していく。すなわち、ひとはやがて、公にされた事柄だろうが、秘密にされた事柄だろうが、かまわず盗み聞きやのぞき見をするようになる。そして、話しても聞いても安全ではいられない、たくさんのことを知るようになるのだ。

※

13.1 デモクリトスが、次のように議論をはじめたとき、彼はこの問題について考えていたのだと思う。すなわち彼は、「心の安定した生活を欲する人は、私生活でも公生活

---

44 57頁注38参照。

でも、あまりたくさん仕事をするべきではない」[45]と述べているのだ。もちろん、彼が言っている仕事とは、不必要な仕事のことだ。じっさい、必要な仕事であれば、私生活でも公生活でも、たくさんどころか、数え切れないくらいの仕事をするべきだ。しかし、神聖なる義務がわれわれに命令しないときには、行動を差し控えるべきなのである。

13.2 じっさい、たくさんのことをしていると、運命の力にほんろうされることが多くなる。これに対する最も安全な対処法は、運命に身をまかせることをできるだけ避け、たえず運命に用心し、なにごとにつけても運命を信頼しないことだ――「わたしは、航海に出る予定だ。ただし、なにもなければの話だが」「わたしは、法務官になる見込みだ。ただし、邪魔が入らなければの話だが」「この取引はうまくいくだろう。ただし、不測の事態が起こらなければの話だが」

13.3 まさにこれこそ、われわれが、賢者には予想に反することはなにも起こらないと主張する理由なのだ。われわれは、賢者が、人間に降りかかる不運を免れていると言いたいのではない。そうではなく、賢者は人間の過ちを免れていると言いたいのだ。賢者には、すべてが望んだ通りに起こるのではなく、考えた通りに起こる。しかるに、賢者が真っ先に考えるのは、自分の計画がなにかに妨げられる可能性なのだ。そして、絶対に成功するという確信を持たないから、望みを捨てるときに感じる心の痛みも、当然、より軽くなるのである。

われわれは、心を柔軟にして、自分が決めた計画に、過度に固執しないようにしなければならない。不測の事態が生じて、われわれを取り巻く状況が変化していくのなら、それに身を任せればいいのだ。計画や状況が変わることを、あまり恐れてはならない。とはいっても、気まぐれ——それは心の安定に最も敵対的な悪徳だ——に行動してよいといっているわけではない。たしかに、ひとつのことにこだわり続ければ、必ずや、不安で悲惨な状態に陥ることだろう。こだわり続けると、しばしば、運命になにかをもぎ取られてしまうからだ。しかし、気まぐれは、踏み止まる場所がないぶん、それよりもずっと厄介なのである。

いずれにせよ、まったく変われないことも、まったく辛抱できないことも、どちらも心の安定の敵なのである。

14.1

45　デモクリトス断片三。

※

14.2 とりわけ、精神があらゆる外部の事柄から離れ、自己の内部に立ち帰ることが重要だ。精神は、自分を信頼し、自分に喜びを感じ、自分に属するものを尊ばねばならない。自分に関係のないものからは、できるだけ遠ざかり、自分を自分に捧げなければならない。損害を気に病まず、逆境にすら寛大な態度を取らねばならない。

われらがゼノン[46]に、船が難破したという知らせが届いた。自分の全財産が海中に没したと聞くと、彼はこう言った。「運命がわたしに命じているのだ。もっと身軽になって哲学せよと」

14.3 とある暴君が、哲学者のテオドロス[47]に対して、おまえを殺して野ざらしにしてやるぞと脅しつけた。するとテオドロスは、こう答えた。「好きにするがいい。あなたが力を振るえるのは、わたしから流れ出るわずかな血潮くらいのもの。土に埋めてやらんぞだと。あなたはなんと愚かなのか。地上で腐るか地中で腐るかを、わたしが気にするとでもお思いか」

14.4 カヌス・ユリウス[48]は、じつに偉大な人物だ。彼はわれわれと同じ時代に生まれた人だが、その事実も、彼への賞賛を差し控える理由にはならない。その彼が、ガイウス帝と、長時間にわたって口論をした。その後、彼はその場を立ち去ろうとしたのだが、そのとき、あのファラリス[49]「のように残忍な帝」が、こう言った。「おまえが、馬鹿げた希望でいい気にならぬよう、余は、おまえをひっ捕らえるよう命じたからな」。するとカヌスは、こう答えた。「まことに感謝いたします。いとも尊き皇帝陛下」

この言葉の真意は、何なのだろう。わたしに明確な答えがあるわけではない。じっさい、いろいろな可能性が思い浮かぶ。

彼は、死を恩恵のように与えることが、いかに残忍なことであるかを、無礼な態度を取ることによって、示そうとしたのであろうか。それとも彼は、皇帝の日々の狂気のふるまいを、批判しようとしたのであろうか。（というのも、そのころ人々は、わが子を殺されても、財産を没収されても、皇帝に感謝の意を示していたからだ。）そ

46　71頁注61参照。
47　古代ギリシャの哲学者（紀元前四世紀）。
48　この人物については、ここでの言及以外には知られていない。
49　紀元前六世紀のシケリア島の都市アクラガスの王で、残忍をもって知られる。

れとも彼は、死を解放とみなして、すすんで受け入れようとしたのであろうか。だが、彼の真意がどこにあったにせよ、彼が偉大な精神をもってそのように答えたことに、かわりはないのだ。

14.6 こう言う人がいるかもしれない。「その後、ガイウス帝の命令で、彼が助命される可能性があったからではないか」と。だが、カヌスは、そんなことを案じなどしなかったはずだ。なぜなら、ガイウス帝は、この手の命令は必ず実行することで知られていたからである。

きみは、信じられるかね。カヌスは、処刑されるまでの十日間を、まったく心を乱すことなく過ごしたのである。そのとき、この人物の言ったこと、おこなったこと、そしてその心の安定のさまは、とても真実とは思えないほどであった。

14.7 彼は、「牢の中で」ボードゲームをして、あそんでいた。すると、百人隊長[50]が、これから処刑される人たちの群れを引き連れてやってきて、カヌスも連れてくるように命じた。名前を呼ばれると、彼は駒を数え、対戦相手に向かって、「いいかい、ぼくが死んだ後で、自分が勝ったなんて嘘はつかないでくれよ」と言った。そして、百人隊長におじぎをすると、「あなたは、わたしが駒ひとつ勝っていたことの証人になってくださいね」と言ったのである。きみは、カヌスが、そのゲーム盤で、あそんでいたと思うかね。ちがう。［ガイウス帝を］もてあそんでいたのだ。

14.8 友人たちは、これほどの人物を失うことを悲しんだ。だが、カヌスはこう言った。「なぜ、悲しむのですか。きみたちは、魂が不死かどうかを知りたがっていたではありませんか。ぼくは、まもなく、その答えを知ることになるのですよ」彼は、最期のときになっても真理の探究をやめず、自分の死すらも探究の対象にしていたのである。

14.9 処刑場へは、彼の哲学の師が随行した。しばらくすると、向こうのほうに［処刑場の］塚が見えてきた。その場所で、われらの神である皇帝閣下に、毎日いけにえが捧げられていたのだ。師は尋ねた。「カヌスよ。おまえは、今、何を思うておるか。おまえの心は、いかにあるか」。すると、カヌスは答えた。「はい、わたくしは、この目で確かめたいと思っております。あのきわめて短い死の瞬間に、はたして魂は、自分が肉体から離れていくことがわかるものなのかを」。そして彼は、自分がなにごとか

50　ローマ軍の構成単位である百人隊の指揮官。

を探り当てたら、友人たちのもとを訪ねてまわり、魂がどんなありかたをしているのかを知らせようと約束したのである。

いいかね、これこそが、嵐のただ中における心の安定だ。これこそが、永遠の名に値する精神だ。その精神は、みずからの悲運を利用して、真理を証明しようとした。その精神は、生の最後の段階に置かれても、肉体を離れる魂を観察し、しかも、死んでも終わりとはせずに、死そのものからすら、なにかを学ぼうとした。彼ほど長く哲学の探究を続けた人は、だれもいないのだ。

これほど偉大な人物が、すぐに忘れ去られてよいはずはない。彼のことは、尊敬と共に語り継がれていくべきだ。われわれは、あなたのことを、いつまでも記憶に留めよう。光り輝く巨人よ。ガイウス帝による虐殺の偉大なる犠牲者よ。

人間の欠点や不幸を嘆いて、人間嫌いに陥るな

だが、個人的な憂いの原因を取り除くだけでは、あまり意味がない。なぜなら、われわれは、しばしば、人間そのものに嫌気がさすことがあるからだ。

きみも、こう思うことがあるだろう。正直は、どれほどまれなものだろうかと。純

14.10

15.1

真は、どれほど世に知られないのだろうかと。誠実は、それが得になるとき以外は、姿を現すことがないのだろうかと。それから、こんなことにも思い当たるだろう。たとえば、まんまと成功した悪事の山が、どれほどあるだろう。あるいは、貪欲が、どれほどの利益と損害（いずれも忌まわしいものだ）を得ているだろう。あるいは、みずからの限界を超えて肥大していき、卑劣さによって輝きだす虚栄心が、どれほどあるだろう。そんなもののことを考えていると、まるで、徳が次々と消え去っていくかのように、精神が闇に包まれていく。もはや徳に希望を託すことができなくなり、徳を持つことに、なんの益もなくなってしまう。こうして、精神は暗闇に覆われてしまうのだ。

※

だからこそ、われわれは、ものの見方を変えなければならない。人々が持つ欠点すべてを、忌まわしいものと思わずに、笑うべきものと思うようにするのだ。われわれは、ヘラクレイトス[51]ではなく、デモクリトス[52]を見習おうではないか。ヘラクレイトスは、群集の中に入っていくと、いつも泣いていた。しかし、デモクリトスは、いつも

15.2

笑っていた。ヘラクレイトスには、われわれのすることすべてが哀れに見えたが、デモクリトスには、愚かに見えたからだ。

だから、われわれは、なにごとも軽く見るようにし、心を楽にして、ものごとに耐えるべきなのである。人生を嘆き悲しむより、笑い飛ばしたほうが、人間的なのだ。

15.3 さらにいえば、人類全体にとっても、それを嘆く人よりも、笑う人のほうが、ありがたい存在だといえる。笑う人は、人類に明るい希望のかけらを残してくれる。ところが、嘆く人は、愚かにも、もはや直すことができないと絶望して、嘆き悲しむのだ。総合的に見れば、涙を抑えない人よりも、笑いを抑えない人のほうが、心の大きな人だといえる。じっさい、笑う人は、心の最も優しい感情に動かされている。だから、人生の様々な出来事のなにひとつとして、重大だとも、深刻だとも、悲惨だとも思わないのである。

15.4 われわれは、どんなことを喜んだり、悲しんだりしているだろうか。めいめいが、ひとつひとつ思い起こしてみるといい。そうすれば、ビオン[53]の語る次の言葉が、真実だとわかるはずだ。「ひとの営みはみな、はじまりの頃とあまり変らない。ひとの生は、懐胎されたときより神聖になるわけでも、過酷になるわけでもない。ひとは無から生まれ、無に帰っていく」

※

15.5 だが、笑うよりも、いっそう好ましい方法がある。それは、社会的な風習や人々の欠点を静かに受け入れ、笑いにも涙にも、とらわれないようにすることだ。じっさい、他人の不幸にいちいち心を痛めていれば、悲惨はいつまでも終わらないし、他人の不幸に喜びを感じるなら、その快楽は人間性を欠いたものとなる。それはちょうど、だれかが息子の葬式をしているからと、悲しげな表情をよそおい、涙を流してみせても、そんな人間性には、なんの価値もないのと同じことだ。

15.6 自分が不幸な目に遭ったときも同様だ。すなわち、正しいふるまい方は、自然に沸き起こる悲しみを表出することであって、そうするものだからといって悲しむことで

51 古代ギリシャの哲学者（紀元前五世紀）。
52 71頁注63参照。
53 213頁注25参照。

はない。じっさい、多くのひとが涙を流すのは、だれかに見せるためだ。だから、見ている人がいなくなれば、その目は、たちまち乾いていく。みんなが泣いているのに、自分だけ泣かないのは、みっともないと思うのだ。他人にどう思われるかばかりを気にするこの悪い癖は、ひとの心に深く根を張っている。だから、人間にとって最も素朴な感情である悲しみさえもが、まがいものと化してしまうのである。

※

16.1 さて、われわれが次に考えたい話題は、ひとが悲しんだり不安な気持になったりするのも、もっともだと思えるようなものだ。すなわち、善き人々に悪しき結末が訪れる場合である。たとえば、ソクラテスは、牢獄の中で死ぬしかなかった。ルティリウス[54]は、追放の生活を送るしかなかった。ポンペイウスとキケロは、自分の手下に首をくれてやるしかなかった[55]。あの、徳の生きた鑑ともいうべきカトーは、みずからに剣を突き立て、それによって、自分の身に――そして同時に国家に――何が起こったのかを知らしめるしかなかった[56]。そのようなとき、われわれは、運命はなんと不当な報償を与えるのかと、心を痛めるほかない。最良の人々が最悪の結末にあえぐのを目の当たりにするとき、ひとはだれしも、自分自身にどんな希望を抱けばよいというのか。
16.2 では、われわれは、どうするべきか。彼らのそれぞれが、どのように逆境に耐えたのかを、よく見るのだ。もし彼らが勇敢であったなら、自分にも彼らと同じ心が宿るように願えばよい。だが、もし彼らの死にざまが、めめしくて臆病なものであったなら、その死には、なんの意味もなかったのだ。彼らは、きみが賞賛するにふさわしい勇気の持ち主であるか、きみが憧れるにふさわしくない臆病の持ち主であるかのいずれかなのだ。じっさい、偉大な人物の勇敢な死にざまを見て、人々が臆病になってしまうなどという、そんな恥ずべきことがあろうか。

16.3 賞賛に値する人物なら、われわれは幾度でも賞賛しよう。そして、こう言ってあげよう。「ひとは、勇敢であればあるほど、幸福なのです。あなたは、あらゆる災いと、妬みと、病を免れています。あなたは、牢獄から解放されているのです。神々は、あ

---

54 紀元前二—一世紀のローマの政治家。恨みを買って訴えられ、有罪となった。
55 いずれも暗殺によって死んだが、暗殺者の中には、かつてのクリエンスが含まれていた。
56 小カトー（123頁注29参照）は、カエサル軍との戦いに敗れ、自決した。

なたには不運がふさわしいと思ったのではありません。そうではなく、もはや運命があなたに力をふるうのは、ふさわしくないことだと思ったのです」

だが、たじろいで、死のまぎわになっても、命に執着しているような連中は、痛い目にあわせてやればよいのだ。

16.4 わたしは、笑っている人に涙を流すことも、泣いている人に涙を流すこともないだろう。前者の場合、笑う人自身が、わたしの涙を拭い去ってくれる。後者の場合、その人は、いかなる涙にも値しない人間であることを、みずからの涙によって立証している。

ヘラクレスは、生きながら焼かれた。[57] レグルスは、あれほどの釘を打ちつけられた。[58] カトーは、傷の上に傷を負った。[59] だが、わたしが、彼らに涙するとでもいうのか。これらの人たちはみな、ほんのわずかな時間を使って、永遠に至る道を見いだした。彼らは、死ぬことによって、不死に到達したのだ。

自分に率直に生き、心が疲れたら休息を与えよ

17.1 それから、次のようなことも、大きな不安のたねとなろう。すなわち、もしきみが、戦々恐々と自分をとりつくろい、自分のほんとうの姿を、だれにも素直に見せずに、多くの人々のように、偽物の見せかけの生活を送っているとしたら、どうなるだろう。たえず自分のことを気にして、いつもと違う自分を見られるのを恐れているのは、とても苦しいものだ。だれかに見られるたびに、自分が値踏みされていると思えば、われわれは、いつまでも気苦労から解放されない。いやおうもなく、化けの皮をはがされるようなことも、たびたびあるだろう。たとえ、必死になって自分をとりつくろい、ことなきをえたとしても、いつも仮面をつけて生きている人間の生活など、楽しいものでも、安心できるものでもないのだ。

それに比べて、ありのままに、自分を飾らないあの率直さは、どれほどの喜びに満

57　ヘラクレスはギリシャ神話の英雄。彼の妻は、ケンタウロスに欺かれ、毒の仕込まれた服を夫に与えてしまう。苦しむヘラクレスは、火葬壇を作らせ、そこに身を投じて昇天した。
58　ローマの政治家（紀元前三世紀）。この逸話については、131頁注39を参照。
59　プルタルコス『英雄伝』「小カトー」70によれば、カエサル軍に敗れたカトーは、剣で胸を突いて自殺を図ったところを発見され、医師が傷口を縫合したが、その傷口をみずからの手で引きさいて、果てたという。

17.2

ちているることだろう。それは、自分の性格を、これっぽっちも隠しだてしないのだ。もっとも、そんな率直な生活でさえ、軽蔑の目を向けられる危険はある。それは、すべての人に、すべてを包み隠さず見せてしまうようなときに起こる。というのも、卑近なものは、なんでもさげすむ連中がいるからだ。(もっとも、徳であれば、目を近づけて見られても、安く値踏みされる危険はない。それに、たえず自分をとりつくろって、苦しい思いをすることに比べたら、率直さを軽蔑されるほうが、はるかにましだ。)ともかく、われわれは、ほどほどにしよう。率直な生き方は、無神経な生き方とは、まったく違うものなのだから。

※

さらに、われわれは、ひんぱんに自己に立ち帰らなければならない。なぜなら、自分と違う性格の人たちと交われば、落ち着いた気持ちがかき乱され、いろいろな感情が沸き起こるからだ。そのようなとき、精神の弱い部分が十分に治療されていなければ、病状はさらに悪化してしまう。

われわれは、これら二つのもの——すなわち孤独と交わり——をうまくつなぎ合わ

17.3

せて、交互に入れ替えるべきだ。孤独は、人間を恋しがる気持ちをかきたて、交わりは、自分を恋しがる気持ちをかきたてる。こうして、一方が他方を癒す薬になってくれるだろう。つまり、孤独が群集への嫌悪を癒し、群集が孤独の倦怠を癒してくれるわけだ。

※

さらに、精神は、たえず同じ緊張状態に置かれるべきではなく、ときには気晴らしを与えられる必要がある。ソクラテスは、小さな子どもたちと遊ぶことを、恥ずかしいとは思わなかった。カトー[60]は、国政の業務で疲れた精神を、酒で解きほぐした。スキピオ[61]は、凱旋式で目にするあの武人らしい体で、楽曲に合わせて踊ったものだ。もちろん、しなやかに体をくねらせて踊っていたのではない。(そんな今風の流儀では、歩き方さえ、女性よりもしなやかだ。) 彼の踊りは、あの昔の男たちが、競技や祭り

60 おそらく、紀元前二世紀のローマの政治家、大カトーのこと。
61 79頁注71参照。

のおりに、勇猛な様子で踊っていたときのようであった。それは、たとえ敵に見られたとしても、威厳を失ってしまうようなものではなかったのである。

17.5 精神には、息抜きを与える必要がある。休息すれば、精神は回復し、元気がよみがえる。たとえていえば、肥沃な農地でも、酷使してはならないのと同じだ。いかに肥沃であっても、休ませないと、土地はすぐに枯れていく。精神もそれと同じなのだ。いつも働いてばかりいると、その活力は衰えていくが、くつろいだ休息を少し与えてやるだけで、その力は回復する。ところが、精神の労働が休みなく続けば、精神は次第に力を失い、衰弱していくのだ。

17.6 スポーツや娯楽をしていると、自然と楽しくなってくるものだ。だから人間は、それをしたいという強い欲求にとらわれる。だが、いつもそんなことばかりしていると、精神の重厚さや力強さが、みな奪われていってしまう。たとえば、睡眠は疲労回復のために必要なものだが、昼も夜もつねに眠り続けているなら、死んでいるのとなんらかわらない。緩めることと、手放すことは、まったく違うことなのだ。

17.7 法の制定者たちは、祭日を設け、公の命令によって、人々が浮かれ騒ぐことを強制した。労働の日々の中に、適度な休息を挟む必要があると考えたからだ。これまで述べてきたような偉大な人物たちの中には、月の特定の日を休日にしていた人もいるし、一日を自由時間と労働時間に分けていた人もいる。

たとえば、その一例として、偉大な弁論家であったアシニウス・ポリオ[62]のことが思い出される。彼は、十時を過ぎると[63]、いっさいの仕事をやめた。その時刻を過ぎると、彼は手紙すら読まなかった。なにか新しい仕事が生じるのを恐れたからだ。こうして彼は、［日没までの］二時間の間に、一日のすべての疲れを取り除いていたのである。

正午に休憩を入れ、比較的軽い仕事を、午後の時間帯に廻していた人もいる。われわれの祖先たちも、十時以降に元老院で新たな動議をすることを禁じていた。また、兵士は夜警の任務を分担しておこなうし、遠征からの帰還兵には、夜勤が免除されている。

われわれは、精神を気づかい、ときおり閑暇を与えてやるべきだ。それは精神の糧

62 ローマの政治家（紀元前一世紀）。

63 古代ローマでは、日の出と日没を境に、昼と夜がそれぞれ十二時間に分割された。ここで言われているのは、昼の十時、すなわち夕方である。

17.8

となり、力の源となるからである。

われわれは、野外に出て、散歩をするべきだ。大空の下で新鮮な空気をたくさん吸えば、精神の力は強まり、活気を取り戻す。ときには、乗り物の旅をして、違う土地を訪れたりすれば、元気も沸いてこよう。あるいは、パーティを開いて、楽しく酒を飲むのもよいだろう。

※

ときには、酩酊するまで飲まなければならないときもあろう。だが、われわれは、酒浸りになってはならない。たしなむ程度にしておくべきだ。酒は、憂いを洗い流してくれる。精神の最も深い部分を揺り動かしてくれる。それは、幾つかの病気を癒してくれるが、そればかりでなく、悲しみも癒してくれるのだ。〔酒の神〕リベルが、その〔「自由にする者」という意味の〕名で呼ばれているのは、舌を滑らかにしてくれるからではない。精神を憂いの束縛から自由にして、解き放ち、元気を与えて、なにをするにも大胆にしてくれるからなのだ。

とはいえ、自由に健全な節度があるように、酒にも健全な節度がある。ソロン[64]やア

17.9

ルケシラオス[65]は、酒に溺れたと信じられている。カトーは、酒癖の悪さを非難された。（もっとも、だれが非難するにせよ、立派な告発をするのは簡単でも、カトーを貶めるのはそう簡単ではない。）しかし、われわれは、あまりひんぱんに飲酒をすべきではない。精神が悪い習慣に染まらないようにするのだ。だが、ときには、楽しく自由な気分になって、厳しいしかめ面を、しばしの間、追い払うことも必要なのである。

17.10 ギリシャの詩人の言葉を信じるなら、「ときには、狂ってみるのも心地いい」。プラトンの言葉を信じるなら、「正気の人間が、詩作の門を叩いても無駄だ[66]」。アリストテレスの言葉を信じるなら、「狂気の混じらぬ天才は、存在しなかった[67]」——深く揺り動かされた精神だけが、余人を超える偉大な言葉を語れるのだ。

17.11 平凡な日常を軽蔑し、神聖な霊感によって高みに昇ったとき、ついに精神は、死すべき人間の口で、なにか偉大な事柄を歌った。精神が自己の内に閉じこもっているか

---

64 古代ギリシャの政治家（紀元前六世紀）。
65 古代ギリシャの哲学者（紀元前三世紀）。
66 プラトン『パイドロス』245A。
67 アリストテレス『問題集』30・1。

ぎり、崇高なる高みに到達することは不可能だ。精神は、いつもの走路から外れ、全力で疾走しなければならない。しっかりとくつわをかみ締め、御者を駆り立てて、自分の恐れていた高みへと上昇していくべきなのだ。

※

親愛なるセレヌス君。これできみは、心の安定を保つ方法と、それを回復する方法と、忍び寄る欠点から身を守る方法を手にしたことになる。だが、くれぐれも注意してほしい。以上の方法はいずれも、弱いものを守るためには、必ずしも十分に有効とはいえないのだ——熱心に、たゆまぬ世話をして、揺れ動く心を包み込んでやらぬかぎりは。

17.12

解説

中澤務

本書は、古代ローマの哲学者セネカの代表的作品を収録した、セネカの思想を知るための入門的な作品集です。収録した三つの作品は、セネカの哲学に触れる者がまず最初にひもとくべき作品であり、欧米におけるセネカの哲学作品集にも、必ずといってよいほど収録されています。これらの作品は、セネカの作品の中でも、とりわけ完成度が高く、読みやすいものです。じっさいにお読みいただければ分かるように、これらの作品で展開されているのは、いかに生きたらよいのかを説いた実践哲学であり、理論哲学のように難解なものではありません。しかも、これらの作品には、セネカの哲学のエッセンスがバランスよく詰め込まれており、まさに格好の入門書といえるのです。

いかに生きるべきかという問題は、時代や地域を越えた普遍的な問題です。本書でセネカが考察しているのは、人生の時間の過ごし方、不運への立ち向かい方、毅然とした心の持ち方などをめぐる問題ですが、こうした問題は、人間が生きている限り、かならず生じてくる問題です。ですから、それらは、現代に生きるわれわれにとっても重要な意味を持っています。セネカの言葉は、われわれ自身がよく生きるためのヒントを与えてくれるものなのです。

とはいえ、セネカは、二千年前の古代ローマの哲学者です。セネカは、古代ローマ帝国に生きる同時代人たちの生き方を批判しましたが、古代ローマ人の生き方と現代のわれわれの生き方は、さまざまな点で異なっています。現代の読者にはぴんと来ない部分も多々あることでしょう。さらにいえば、セネカの議論は、古代ギリシャに生まれたストア派の哲学を下敷きにしています。ですから、その枠組を知らないと、理解しにくい部分があることも事実なのです。

そこで、以下では、セネカの議論を理解するために必要な背景知識を中心に、解説をしていくことにしましょう。まずセネカの生涯について概観した後、セネカが批判している当時の社会や人々の様子と、セネカの依拠するストア派の哲学の概説をします。そして、最後に、本書の収録作品を読み解くための解説をおこないます。こうした事柄を知ることによって、セネカの思想に対する理解と共感は、より深まるものと思います。

一　セネカの生涯とその時代

子供時代

ルキウス・アンナエウス・セネカは、ヒスパニア（いまのスペイン）の都市コルドバに生まれました。生年については明確な記録がなく、間接的な情報から推測するしかありません。紀元前四年、三年、一年、あるいは紀元後一年など、諸説があります。ヒスパニアは、皇帝アウグストゥスの時代にローマの属州（イタリア以外のローマの支配地のこと）となり、三つの地域に区分されました。コルドバは、その中のひとつであるヒスパニア・バエティカの首都であり、歴史のある大きな町でした。そこには、古くからローマ市民が移住して住み着き、現地の人々との混血も進んでいたようです。セネカの家も、おそらくは、そのような家系だったのでしょう。

セネカという名前は、父の名を引き継いだもので、父のセネカも、弁論家として名前の知られた人物です。そのため、区別のために、父のほうは「大セネカ」と呼ばれています。（息子のほうは「小セネカ」となりますが、本書では、単純にセネカと呼ぶことにします。）

セネカ家は資産家であり、この大セネカの時代に騎士階級（エクエス）に叙せられ、名家となっています。古代ローマには、さまざまな身分（家柄）の区別があり、騎士階級というのはその一つです。もともとは、文字通り、馬に乗る軍人の身分でしたが、やがて、一定以上の財産を持つ裕福な市民に与えられる身分となり、セネカの時代には、元老院階級に次ぐ高い身分でした。

大セネカは、妻ヘルウィアとの間に三人の息子がありました。セネカは二男で、兄はノウァトス、弟はメラといいました。『母ヘルウィアへのなぐさめ』（18・2）で述べられているように、兄のノウァトスは政治家として活躍し、属州総督や執政官を歴任した人物です。これに対して、弟のメラは、多忙な政治生活を嫌い、収税官として地方で暮らしながら、哲学の研究に没頭していたようです。

『母ヘルウィアへのなぐさめ』（19・2）に、セネカは伯母の腕に抱かれて、ローマの都にやってきたと記されています。おそらく、セネカは、赤ん坊の頃に、なんらかの事情でローマにやってきて、そこで育てられたのだと思われます。

セネカの生きた時代は、ローマ帝国の初期の時代でした。ローマにおける帝政とは、ローマの伝統的議会である元老院によってローマ市民の代表と認められた皇帝が、国家元首として政治をおこなう政治制度です。この制度を作ったのは、初代ローマ皇帝のアウグストゥスであり、その治世は、紀元後一四年まで続きました。セネカの子供時代は、このアウグストゥス帝の力によって帝国のいしずえが築かれ、社会が安定していた時代でした。

青年時代

アウグストゥス帝が亡くなると、新しい時代がやってきます。アウグストゥスは直系の後継者を持たなかったため、妻の連れ子であるティベリウスを後継者としました。この家系をユリウス・クラウディウス家といい、その後、ネロまで、この家系から皇帝が選ばれることになりました。セネカの生涯は、このユリウス・クラウディウス家が生み出した悪名高き皇帝たちとの確執の生涯であったといえるでしょう。

第二代皇帝のティベリウスは、政治的な才能もあり、アウグストゥスの政治の完成を目指しましたが、さまざまな困難に悩まされ続けました。彼は、次第に人間不信の度合いが深くなり、晩年には、ナポリの近くにある皇帝の保養地カプリ島に引きこもってしまいます。隠遁した皇帝に代わり、ローマで政治的実権を握ったのが、近衛軍団の長官セイアヌスです。しかし、彼は、その権力の拡大を恐れた皇帝によって元老院に告発され、処刑されてしまいます（『心の安定について』11・11）。こうして、ティベリウス帝の晩年は、混乱した恐怖政治の時代となってしまいました。

このティベリウス帝の時代が、セネカの青年時代であり、彼の修行時代ともいえる時期です。

大セネカは、三人の息子の中でも、とりわけセネカの才能を高く買っていたようです。大セネカは、息子に弁論術の教育を施し、セネカを弁論家にしようとしました。このころセネカが身につけた弁論の技術は、のちに彼が政界に進出したときに、大いに発揮されることになります。

しかし、彼のほんとうの関心は、すでにそのころから、哲学のほうに向いていたようです。哲学への関心は次第に強くなり、セネカは、父親の教育に反発を覚えるようになっていきました。そして、青年になると、哲学の師のもとに通いはじめ、本格的に哲学の勉強をはじめました。

セネカは、たくさんの哲学の教師に師事しています。まず、彼は、ピュタゴラス派のソティオンやストア派のアッタロスなどに師事し、彼らの禁欲主義的な教えの影響を受けました。とりわけ、アッタロスの教えは、セネカの生き方に大きな影響を与えました。さらに、『人生の短さについて』(10・1)には、ファビアヌスという哲学者も、彼の師として言及されています。これは、自然学研究などでセネカに影響を与えたパピリウス・ファビアヌスのことで、セネカは、この哲学者の生き方や博識を高く評価しています。このように、セネカは、さまざまな学派の思想を学びましたが、決定的な影響を与えたのはストア派の哲学であり、セネカの思想とその生き方全体が、ストア派の教えに基づいています。

セネカは哲学への強い関心を抱き、その道に進むことを望んでいましたが、やがて、断念せざるをえなくなります。セネカの父は、彼が政治の道に進むことを切望していたからです。当時、政治の表舞台に立つためには、若いころから、決められた順序に従って、官職を歴任しなければなりませんでした。セネカは、最初の職である財務官に就任しようと、必死に努力しました。しかし、若いころから病気がちであったセネカは、無理がたたり、胸を病んでしまいます。

病気療養のため、セネカは、この時期の数年間をエジプトで過ごすことになります。彼は、エジプト領事の伯父のもとに滞在し、その妻である伯母のもとで療養をしたのです。これによって、彼の健康状態は回復し、ローマに帰国することができました。しかし、『母ヘルウィアへのなぐさめ』(19・4)に述べられているように、伯父夫婦との帰国の途上、彼は嵐に遭遇し、伯父を失ってしまいました。

帰国後、彼はようやく、政治的キャリアの第一歩である財務官に就任することができました。これは、文字どおり、国家の財務管理をする職務であり、執政官の補佐官に位置づけられます。また、このときセネカは、元老院議員にも就任しています。こうしてセネカは、正式にローマの政治の舞台に立ち、活躍していくことになるのです。

政治的成功と危機の到来

セネカが財務官として活躍していた時期は、第三代皇帝カリグラ(ガイウス帝)の時代です。カリグラの性格は、傲慢にして嫉妬深く、かつ残忍であり、数々の愚行で知られています。ナポリ湾で大量の船舶を架橋して催した見世物（『人生の短さについて』18・5）、ばく大な金を浪費して催される晩餐（『母ヘルウィアへのなぐさめ』10・4）など、本作の中でも、セネカはカリグラ帝の愚行にたびたび言及しています。

当時のローマの政治家たちは、このカリグラ帝の恐怖政治に翻弄されました。カリグラ帝は、自分の気に入らない者は、容赦なく死刑にしてしまったからです。本作においても、カリグラ帝の犠牲となったカヌス・ユリウスのエピソードが語られています（『心の安定について』14・4）が、このような理不尽な事件が日常茶飯事だったのです。セネカも例外ではありませんでした。カリグラ帝は、セネカの弁論の才能に嫉妬して、彼を処刑してしまおうとしますが、とある女性になだめられて、思いとどまったといいます。

カリグラ帝の時代に、セネカがどのような政治的活動をしていたのかについては、ほとんどわかっていません。おそらく、水面下で反カリグラ陣営とつながり、カリグラ帝を打倒するために活動していたのでしょう。そのなかで、セネカは、カリグラ帝と敵対関係にあった帝のふたりの妹アグリッピナとリウィッラに協力していたと思われます。このうち、アグリッピナは、自分の息子ネロを皇帝にしようと画策しており、セネカもまた、その後、彼女の策謀に巻き込まれていくことになるのです。

カリグラ帝が暗殺されると、その叔父であるクラウディウスが第四代皇帝に即位します。しかし、それはクラウディウスの実力によるものではなく、カリグラ帝の暗殺に関与した近衛軍団に、傀儡として担ぎ上げられたにすぎませんでした。クラウディウス帝は、文才には恵まれていましたが、政治的才能は乏しく、虚弱体質と優柔不断な性格もわざわいして、愚帝とみなされていました。

このクラウディウス帝の時代に、セネカはコルシカ島に追放されます。罪状は、カリグラ帝の妹リウィッラとの姦通罪でした。これが事実かどうかはさだかではありませんが、その背後に政治的な理由があったのは確かなことです。というのも、この当時、宮廷では、クラウディウスの妃であるメッサリナと、カリグラ帝の妹たち（アグリッピナとリウィッラ）の間に権力をめぐる確執があったからです。カリグラ帝は、こうした宮廷の女性たちの政治的野心を制御することができず、彼女たちに翻弄されていたのです。おそらく、追放は、セネカの名声と政治的影響力を警戒したメッサリナの策謀によるものでしょう。

こうして、セネカは、八年あまりの長い追放生活を送ることになります。この時期のセネカの生活の様子は、『母ヘルウィアへのなぐさめ』から知ることができます。この書簡の中で、セネカは、コルシカ島での貧しい生活は耐え難いものではなく、むしろ自分は多忙さから解放されて、閑暇のなかで学問研究に打ち込んでいるのだと述べています。

たしかに、コルシカ島での追放生活は、セネカが本来望んでいた学究生活を実現させて、みずからの思索を深めるための絶好の機会となったでしょうから、この言葉に嘘はないのでしょう。しかし、また他方で、道半ばにして政治生活から不本意に退けられてしまったセネカにとっては、政界に復帰したいという気持ちも強かったのではないでしょうか。

ネロとの確執と死

セネカがローマに戻ることができたのは、政治的状況の変化によるものでした。セネカを追放に追いやったメッサリナは、四八年にクラウディウス帝によって処刑され、翌年には、アグリッピナが妃となります。このアグリッピナの働きかけにより、セネカは追放刑を赦されるのです。

セネカは、帰国後まもなく、法務官に就任し、政界復帰を果たします。法務官とは、裁判関係の職務を中心とした役職であり、最高位である執政官の前段階の役職とみなされていました。

アグリッピナは、クラウディウス帝との結婚に成功すると、ネロを次の皇帝にするための準備に取りかかります。セネカを呼び戻したのもその一環でした。アグリッピナは、セネカが帰国するとすぐに、彼をネロの家庭教師に迎えます。そして、クラウディウス帝に働きかけ、彼を法務官に就任させたのです。彼女は、セネカの名声と政治能力を、息子のために利用しようとしたわけです。

しかし、ネロは、学問に対する関心も才能も持ち合わせてはいませんでした。おそらく、セネカも、ネロに学問の教育をすることを、早々にあきらめたことでしょう。ネロは、学問よりも芸術的才能に恵まれていましたから、セネカは文芸教育と、さらには政治の役に立つ弁論術の教育に力を入れていったものと考えられます。セネカはたくさんの優れた悲劇作品を執筆していますが、それもネロの教育と関係があるのかもしれません。

セネカがネロの教育係となってから数年後、近衛軍団長官のブッルスもネロの教育に加わり、以後は、セネカとブッルスが協力してネロの教育にあたりました。クラウディウス帝が亡くなると、ネロが五代皇帝に就任します。その後、セネカは執政官に就任し、ブッルスと協力して、ネロの政治的補佐をします。セネカとブッルスの協力関係は良好であり、このふたりの働きによって、ネロの政治は、しばらくは安定状態を保つことになります。

しかし、セネカとブッルスの努力にもかかわらず、ネロ帝の精神は、次第に異常をきたしていきました。その背後には、ネロに対するアグリッピナの異常なまでの介入がありました。アグリッピナは、自分の政治的野心のために、ネロを支配しようとしたのです。

ネロは、法外な贅沢にふけり、さまざまな狂気のふるまいをおこなうようになります。そして、やがて、自分の親族や側近者たちを、次々に死刑にしていくようになり、とうとう母のアグリッピナまで処刑してしまいます。セネカの政治的影響力も次第に衰えていき、ブッルスが亡くなると、もはやネロを制御することができなくなりました。セネカはネロに辞表を出し、政治生活から身を引くことになります。

その後、死までの三年あまりの間、セネカは隠遁生活を送り、たくさんの著作を執筆しました。ネロとの確執は、あいかわらず続いていましたが、セネカにとっては、充実した日々だったでしょう。

しかし、やがて、貴族のピソを首謀者とするネロ暗殺の陰謀が発覚します。すると、セネカは、陰謀に加担したという嫌疑をかけられてしまいました。陰謀に加担したとされる人々は、つぎつぎに処刑されていきました。そして、セネカもまた、ネロから、死ぬことを命じられるのです。

セネカは、ずいぶん前から、このような日が訪れることを覚悟していたのでしょう。彼は、毅然とした態度で死の命令を受け入れます。彼は、みずからの手足の血管を切り、やがて息絶えました。

こうして、自分の師をも殺してしまったネロには、もはやみずからの権力を維持する力は残されていませんでした。各地で、次々に反乱が勃発します。ネロは、それを食い止めることができず、退位に追い込まれ、逃亡の途中で自殺することになります。こうして、ネロによって混乱したローマ帝国は、その後、内戦の時代を迎えることになるのです

二 セネカの生きたローマ社会

大都会ローマの都市生活

セネカの生きた時代は、どのような時代だったのでしょうか。当時のローマ社会とローマ市民の暮らしをのぞいてみましょう。

ローマは、すでに共和制の時代から、かなりの人口を擁していましたが、帝政に移行して国土が拡張していくと、人口は急速に増加し、セネカの生きた一世紀ころには八〇万人を超えていたと考えられています。地中海地域の都市の多くは、人口数万人規模のコンパクトなものでしたから、ローマが例外的に巨大な都市であったことがわかります。しかし、その巨大な人口に比べ、市街地の面積は必ずしも広いものではなく、現代の大都市よりも数倍も人口密度の高い超過密都市でした。

人であふれかえるローマの街は、喧騒であふれていました。セネカも、『心の安定について』(11・7)のなかで、この点にふれています。近所から聞こえてくる、死者を悼む嘆きの声、家の玄関先を通り過ぎていく子どもの葬列の音、建物が崩壊する轟音などです。ローマの市街地は、せまい道に高層集合住宅が所狭しと立ち並び、道を行き交う人や車の騒音や、隣近所からの騒音で、喧騒のやむことがなかったのです。

　豪華な一戸建て住宅に住むことのできた富裕者層は別として、多くの市民たちは、インスラと呼ばれる高層集合住宅に住んでいました。土地不足と人口過密から、インスラはどんどん高層化していきました。セネカの時代には七〇ペス（二一メートル）の高さ制限が設けられていましたが、それでもかなりの高さです。しかも、居住空間を広くするために壁を薄くしていたので、強度不足から崩壊するインスラがあとを絶ちませんでした。

　十分な照明も、エレベーターも、水道もトイレもない時代ですから、上階での生活はさぞや不便だったでしょう。しかも、高層階はさらに壁が薄く、プライバシーというようなものもありませんでした。低層階に住める金持ちは別として、普通の市民は、貧しければ貧しいほど、上層階での不便で騒々しい生活を強いられたのです。

古代ローマ市民の日常生活

ローマ市民たちは、どんな生活をしていたのでしょうか。ローマ市民の生活といえば、「パンとサーカス」という言葉が有名です。当時のローマでは、社会保障制度として、市民に食糧を無料で配給する制度が存在しており、さらに、競技場での剣闘士の試合などの見世物が無償で提供されていました(サーカスとは競技場のこと)。皇帝がその権力を保持するためには、ローマ市民の支持が不可欠だったからです。

ここから、われわれは、当時のローマ市民は、食事の心配もなく、日々、遊びほうけていたというイメージを持ちがちですが、事実は異なります。微々たる穀物配給だけでは、とても家族を養うことなどできませんでした。また、国による見世物の提供も、ひんぱんにおこなわれていたわけではないのです。ローマ市民たちの日常も、現代人と同様に、日々の労働や、生活のためのさまざまな用事に追われるものだったのです。

ローマ市民たちは、夜が明ける前に起床し、日の出とともに一日の活動を開始しました。午前中に仕事を終えると、正午に自宅に帰って昼食をとり、午後は、夕食まで、フォルム(公共広場)や、公共浴場などで過ごすことが多かったようです。午後は自由時間を過ごしているようにみえますが、じつはそうではありません。
フォルムとは、当時の都市には必ず存在した公共の広場のことで、ローマには、中心となるローマ広場（フォルム・ロマヌム）のほかにも、たくさんの公共広場が存在していました。この公共広場は、ローマ人にとって、社会生活の中心となる重要な場所です。そこでは、商業活動をはじめ、政治的な集会、裁判、宗教行事など、たくさんの社会的活動がおこなわれ、ローマ人にとっては社会生活の場であるとともに、貴重な情報交換の場でもありました。

金持ちと一般市民

古代ローマは階層社会であり、さまざまな身分が存在していました。ひとことでローマ市民といっても、そこには、さまざまな身分上の区別があります。本書を理解するうえで重要なのは、パトロヌスとクリエンスという区別です。ローマ市民のうち、古い家柄の金持ちはパトロヌスとなり、貧しい市民たちを保護し、支えました。パトロヌスに保護される貧しい市民がクリエンスです。パトロヌスは、代々、それぞれのクリエンスを持ち、その間には、互恵関係が成立していました。これがクリエンテラと呼ばれる社会制度です。

下層市民の多くは、自分の「親分」ともいうべきパトロヌスの庇護を受けるとともに、その返礼として、さまざまな奉仕をします。そのなかでも重要であったのが、早朝に有力者の家まで出向いて、ごきげん伺いのあいさつ（伺候）をする「サルタチオ」であり、ローマの金持ちの家は、このような下層市民の群れであふれていました。

下層市民たちが、有力市民の庇護を得ようとしたのは、そのような関係を持つことが、彼らにもメリットになったからです。貧しい市民たちは、金銭や食糧の援助などの便宜を図ってもらうことができました。また、当時のローマは、あらゆる問題を裁判で解決する訴訟社会です。セネカの作品中にも、裁判についての言及がたくさん登場していますが、市民たちは、有力市民に代理人となってもらわなければ、裁判を起こせなかったのです。

セネカは、この社会制度の実態、とりわけ「子分」であるクリエンスたちの哀れな姿を執拗に描写し、批判しています。セネカが描き出しているように、クリエンスたちは、まだ夜も明けないうちから、有力者の家にサルタチオに赴き、有力者が外出するときには、そのあとに随行していきます。こうした市民たちの生き方は、セネカにとっては、人生を無駄にする時間の浪費でしかありませんでした。

他方、金持ちたちは、帝国の発展のなかで、その富を増やしていき、属州からもたらされるさまざまな物品によって、豪華な生活を送るようになっていきます。代表的なものは、ばく大な金をかけて催された宴会でしょう。宴会では、各地の高価な珍味が取り寄せられました。満腹になると、食べたものを嘔吐して、食事を続けるような者も、じっさいに存在していたようです。

本書でも、そのような豪奢な宴会を催した美食家アピキウスへの言及が見られます(『母ヘルウィアへのなぐさめ』10・8〜10)。そこでは、アピキウスは、宴会による放蕩三昧で財産を浪費し、挙句の果てに自殺してしまった人物として、厳しく批判されています。彼が開発した料理法は、ローマの料理に大きな革新をもたらし、宴会は豪華さを増していきました。セネカの生きた時代は、そのような金持ちの浪費が極致に達していた時代であり、アピキウスはその代名詞なのです。

三　セネカとストア派の哲学

ストア派の歴史

セネカの思想の背後には、ストア派の哲学の強い影響を見ることができます。ストア派とは、古代ギリシャのアテネにおいて、キティオンのゼノン（紀元前三三五頃〜二六三頃）という哲学者によって創設された哲学の学派です。ゼノンは、キュプロス島キティオン出身の人物で、アテネで哲学を学び、アゴラにあったストア・ポイキレ（彩色柱廊）という公共の建物で講義をしました。ストア（柱廊）とは、大理石の柱を並べて屋根をかけた長い廊下のような建築物です。壁面が壁画で飾られていたので、この名前で呼ばれていました。

ゼノンは、当時のアテネで学ぶことのできた、さまざまな哲学の影響を受けています。ゼノンの師は、クラテスという人物で、キュニコス派の流れに属しています。キュニコス派とは、当時のギリシャ世界で人気のあった実践哲学で、財産や地位のような世俗的なものを捨て去り、賢者の自由な境地を理想とし、追求しました。その後、ゼノンは、メガラ派やアカデメイア派の理論哲学、さらにはヘラクレイトスの自然哲学を学び、それらを集大成するかたちで、独自の哲学を作り出しました。

ゼノンの思想は、その後、クレアンテスやクリュシッポスなどの優れた後継者によって磨き上げられ、完成されました。これが、ストア派の哲学と呼ばれるものであり、その後、ストア派は、当時を代表する大きな学派として継続していきました。

地中海世界の中心がギリシャからローマに移っても、ストア派の哲学の影響力は長く続きました。セネカの生きたローマ帝国の時代は、ストア派の哲学の第二のピークであり、セネカのほかにも、解放奴隷のエピクテトスや、ローマ皇帝マルクス・アウレリウスなど、優れた思想家たちを輩出しました。

以下では、ストア派の哲学のエッセンスを、本書を理解するために必要な範囲で、まとめることにします。

自然に従う

ストア派の哲学の大きな特徴のひとつとして、自然世界のあり方と人間の生き方の密接な関係性をあげることができます。ストア派の哲学者は、財産や地位などの世俗的なものを、人間が作り出した人為的なものとして軽視しました。そして、自然的なものを価値あるものとして、それに従おうとしたのです。それゆえ、ストア派の哲学では、自然世界の姿を解き明かすための自然学の研究が重要なものとなります。セネカもまた自然研究に従事し、本書の中でも、たびたび自然と宇宙の本性を話題にしています。

では、ストア派の哲学が思い描く自然と宇宙の本性とは、どのようなものだったのでしょうか。

ストア派の哲学によれば、宇宙は、受動的な原理である物質と、そこに内在する能動的な原理であるロゴスからできています。ロゴスとは、宇宙を支配する理性的な力であり、神と同一視されます。そして、その理性的な支配を、ストア派の哲学者たちは運命と呼びました。

この神としてのロゴスは、物質の中に種子のように留まり続け、四元素（火、空気、水、土）を分化させます。球体をした宇宙は、四元素の比重に応じて階層化しています。最上層には純粋な火（エーテル）が円環運動をしています。これが太陽や恒星の世界です。これに対して、月の軌道を境界面とする月下の世界は、土で作られた大地の表面を水が覆い、その外側を空気が、さらにその外側を、純粋でない火が覆うという階層構造をしています。宇宙を支配する純粋な火は、月下の世界では空気と交じり合い、理性的な気体（プネウマ、ラテン語ではスピリトゥス）として、人間の中に取り込まれ、魂を形成します。

以上のように、ストア派によれば、自然と宇宙は、ロゴスという理性的な力によって支配されるひとつの有機的な存在者であり、人間もまた、そうした宇宙的なロゴスを共有する存在なのです。それゆえ、人間はみなその魂の中にロゴスを宿しており、そのロゴスに正しく従うこと（すなわち自然に従うこと）こそが、正しい生き方なのです。

徳と理性

このように、ストア派の哲学では、人間の理性的能力が重視され、それ以外の能力、すなわち、苦痛、快楽、欲望、恐怖のような情念は、理性に敵対するものとして、否定的に評価されることになります。このような情念は、精神の非理性的な部分が作り出す、自然を逸脱した過度の衝動なのであり、人間が理性的に行動することを邪魔するものなのです。

ストア派の哲学者たちにとって、人間の目的は、快楽を追求したり、欲求を満たしたりすることではありません。むしろ、そうした動物的な衝動に打ち勝ち、理性が与える正しい命令（すなわち義務）に従って生きることこそ、人間が目指すべきものなのです。ストア派の哲学者たちは、このような情念に打ち勝った状態を、アパテイア（無情念）と呼び、そのような状態に至ることを人間の理想としました。みずからの欲望を抑えた禁欲的な態度を「ストイック（ストア的）」というのは、これに由来します。

では、そのような状態に至るために、人間は何をすればよいのでしょうか。ストア派の哲学によれば、自然に従った生き方には段階があります。動物も自然に従って生きていますが、それはたんに、自然が動物に与えた本能的な衝動に従って生きているということにすぎません。これに対して、理性を持つ人間は、衝動や本能ではなく、理性によって、みずからの義務を見て取ることができるのです。しかし、これは、簡単なことではありません。なぜなら、人間がみずからの義務を見て取るためには、みずからを取り巻く世界の因果的必然（運命）を的確に判断し、その流れに従う必要があるからです。

以上のような的確な判断力をそなえて、人間は、はじめて徳を持っているといえます。ストア派の哲学者にとって、この徳こそ、世界の中で、それ自体で善であるといえる唯一のものでした。というのも、この徳さえあれば、人間の行動はすべて正しく望ましいものになりますが、財産や地位や健康など一般に善とされているものは、徳がなければ、かえって望ましくないものになってしまうからです。

ストア派の哲学者たちにとっては、生命すらも絶対的な善ではありません。それゆえ、自殺もまた絶対的な悪ではなく、たとえば祖国や友人のためとか、不治の病の苦しみのためといったような合理的な理由があれば、人間のなすべき義務にもなりうるものでした。セネカもまた、こうしたストア派の哲学に従い、死を救いと考え、みずからの命を絶ったのではないでしょうか。

賢者という理想

このような徳を持つ者は、運命をも恐れはしないと、ストア派の哲学者たちは考えました。ストア派の哲学にとって、運命とは、世界を支配するロゴスによってもたらされる必然の因果連鎖です。われわれが、偶然とか自由といっているものは、この必然性への無知にほかなりません。徳を完成させた人間であれば、世界のすべての必然を知ることができますから、何が起こるかを的確に予測して、対処することができるのです。このように、みずからの運命を知り、その運命に適切に対処し、運命に従順に従うことが、ストア派にとっての生の理想だったのです。

ストア派の哲学者たちは、このような生き方を実践できる有徳な人間を賢者と呼び、人間の理想に掲げました。賢者とは、完全な徳を実現した人物であり、あらゆる情念から自由でいられる存在です。

しかし、こうした完璧な人間など、ほんとうにいるのでしょうか。セネカは、それがきわめて困難なことであることを、十分に理解していました。彼は、自分が賢者であることを否定するばかりか、ストア派は賢者を「何世紀もの間、探し続けている」とまで述べています（『心の安定について』7・4）。

このように、ストア派の哲学者にとって、賢者とは、人間が目標にし続けるべき究極の理想像でした。われわれは、そのような理想像にあこがれ、常にそれを目指して努力し続けることによって、はじめて成長することができるのです。

政治（実践的生）と哲学

セネカは、ローマ帝国の政治の中枢で活躍しましたが、セネカが実践的な生を送ったのも、ストア派の哲学に基づくものだといえるでしょう。『心の安定ついて』（1・10）のなかで、セネカの親友セレヌスは、ストア派の哲学者たちは政治に関わることはなかったが、人々に政治的生活を送るよう勧めていると述べています。ストア派のライバルであるエピクロス派は、「隠れて生きよ」をモットーとし、小さな共同体の中での生活を推奨しました。これに対して、ゼノンやクリュシッポスは、公的生活を軽蔑しません。ストア派の哲学においては、政治に携わること自体は善とも悪ともいえませんが、国家共同体の発展に寄与することは望ましいことであり、人間のなすべき義務の一つだったのです。

とはいえ、われわれは、ストア派の理想が、国の繁栄というよりは、人類全体の繁栄という、超国家的なところにあったことを忘れてはなりません。キュニコス派における「世界市民」の理想を引き継ぐストア派の哲学の視線は、一国の安全や繁栄という理念を越え、平等な個人の普遍的な共同体としての世界そのものに向けられているのです。

四　作品解説

『人生の短さについて』[1]

本作でセネカは、ひとの生の短さを嘆く人々を批判し、人生は過ごし方しだいでいくらでも長くなるのだと説いています。セネカによれば、そのためにわれわれがなすべきは、多忙な生活から離れて、閑暇の生を送ることです。ではセネカの言う閑暇の生とは、いったいどのようなものなのでしょうか。

一見すると、多忙と閑暇という対比は、することがたくさんあるか、あまりないかという対比に見えます。この場合、閑暇とは、仕事に追われる日々から解放され、なにもせずに一日中ボーっとしているような、ひまな時間ということになるでしょう。しかし、閑暇をそのようなイメージで捉えると、セネカの議論を誤解することになってしまいます。じっさい、セネカは、そのようなひまな時間に対しては、とても批判的なのです。

　では、セネカの言う閑暇を、われわれは、どのようなものと理解したらよいのでしょうか。そのために、われわれは、まず、本作のなかでセネカが論じている、さまざまな時間の過ごし方の内実を、詳しく分析してみることにしましょう。

　まず、閑暇の対立概念である多忙とは、どのようなものなのでしょうか。多忙とは、たくさんの仕事や用事に追われて忙しいことですが、日本語の「忙」とは「心を失う」、すなわち、余裕をなくして自分の心を見失っている状態を意味します。ラテン

1　この作品は、現行の岩波文庫版（大西英文訳）では、『生の短さについて』となっています。ラテン語における vita は、日本語の「人生」のように、たんにこの世での生だけを意味するものでないというのがその理由ですが、セネカが本作で問題にしているのは、あくまでもこの世界でどう生きるかという問題であり、「人生」にしたほうが、その点が伝わりやすいのではないかと考えました。そこで、本訳では、従来どおりの『人生の短さについて』という題名を踏襲しています。なお、セネカの作品の題名は、『パウリヌスあて　人生の短さについて』のように、作品を宛てた人物の名前が付されるのが通常ですが、本訳では省略しています。

語の「多忙（オクパツィオ）」は、占領されている状態を意味しますが、これも日本語と同様の含みを持っています。すなわち、多忙とは、自分の時間が、たくさんの仕事や用事に占領され、それによって、自分の心がそこからはじき出されている状態なのです。

閑暇であるためには、たんに仕事や用事から解放されているだけでは不十分です。解放された自分の時間のなかに、自分の心が戻っていなければなりません。自分の心が戻っているというのは、その時間のなかで、われわれが自分自身と向き合い、自分がほんらいなすべきことをしている状態です。

このとき、自分自身と向き合うことを嫌がり、なすべきことをなにもしていない状態が、セネカの批判する「ひまな時間」だと考えることができます。セネカが述べているように、このような時間からは、退屈と倦怠しか生まれてきません。それゆえ、自分自身と向き合えないひとは、そうした退屈を嫌い、あえて多忙な状態を求めるわけです。

このように、セネカの言う閑暇とは、自分がほんらいなすべきこと、自分のためになることをしている時間のことです。では、閑暇のなかでわれわれがなすべきこととは、何でしょうか。セネカによれば、それは、英知を求め、英知に従って生きることです。というのも、そのような英知を手にしてはじめて、われわれは、もっとも有効な時間の使い方をすることができるからです。では、そのようにして実現される真の人間的な時間とは、どのようなものなのでしょうか。

セネカによれば、人間は、過去と現在と未来という三つの時間の相を生きており、それらとの正しい関わりが生まれたとき、時間は豊かな人間的時間となってくれます。セネカが考える時間との正しい関わりとは、ひとことでいえば、未来に頼ることをせず、過去ときちんと向き合って、そのうえで、現在という時間に集中して生きることです。

未来は、つねに運命の支配下にあって不確かであり、人間の思い通りにはなりません。賢者でないかぎり、人間が未来を的確に予測して、適切に対処することなど不可能なのです。ところが、人間は、そのような未来に過度の信頼を置き、今なすべきことをやらずに先延ばしにすることによって、現在という時を失ってしまうのです。古代ローマの詩人ホラティウスの詩の有名な一節に、「この日を摘み取れ《カルペ・ディエム》」という言葉があります。これは、不確実な明日を頼りにするよりも、今日この日を大切に生きよという意味ですが、セネカの考え方も、これに通じるものがあるといえるでしょう。

では、今を失わないために、われわれは、どうしたらよいのでしょうか。セネカは、そのためにわれわれは、過去としっかり向き合うべきだと言います。

セネカによれば、過去は、哲人たちの英知にあふれる世界です。われわれは、過去という時間を訪れ、そこで過去の優れた英知と交わることによって、現在という短い時間から解き放たれ、永遠の時間の中に生きることができるようになるのです。

このような過去との関わりがあって、はじめて、現在は生きる意味のある時間となります。英知を手に入れることにより、われわれは、現在の一瞬一瞬に集中し、時間を無駄にすることなく、自分のために有意味に生きることができるようになります。

このようにして「今を生きる」ことによって、現在という短い瞬間は、無限に広がっていくことになるのです。

セネカは、同時代に生きるローマ市民たちの生き方を批判しましたが、彼の批判は、現代のわれわれの生き方にも、そのまま当てはまるものです。たしかに、人間の寿命は延び、われわれは、古代人よりも長い人生を生きることができます。しかし、セネカが強調しているように、人生がほんとうに長いのか否かは、時間の量で測れるようなものではなく、むしろ、その過ごし方の質によって決まるものなのです。

二千年たった今でも、われわれは、あいかわらず多忙の中で生きています。もしかしたら、多忙による自己喪失の度合いは、現代のほうがはるかに大きいのかもしれません。セネカの考察は、このような現代のわれわれが、自分の本当の時間を取り戻すためにも、重要な手がかりを与えてくれるのではないでしょうか。

『母ヘルウィアへのなぐさめ』[2]

本作は、セネカの母であるヘルウィアに向けて綴られた、なぐさめの書簡であり、セネカの身に起こった個人的な事件が題材になっています。

ストア派の哲学において、いかに運命に立ち向かうかという問題は、きわめて重要な問題です。セネカは、本書において、追放という運命に突然見舞われた自分がどの

2 この作品は、『セネカ道徳論集』所収の茂手木元蔵訳では『母ヘルヴィアあて、心の慰めについて』、『セネカ哲学全集』所収の大西英文訳では『ヘルウィアに寄せる慰めの書』となっていますが、本訳では、より簡潔な題名にしています。

ように運命を克服したか、そして、母親がいかにみずからの運命を克服するべきかについて具体的な考察をしており、ストア哲学における生き方の指針を示すひとつの実践例となっています。

まず、セネカ自身の運命の克服の方法を見てみましょう。

セネカは、追放を、「住む場所が変わること」と規定し、その意味を規定し直そうとします。常識的な価値観を、視点を変えることによって、転換しようとしているのです。そうした視点から追放を見ると、追放に対するわれわれの常識は一転します。すなわち、人類は絶えず移動し続けているのであり、その意味では、人間はだれもが追放状態にあることになるのです。しかし、セネカによれば、それは人間にとって重大なことではありません。なぜなら、人間がどこに住んでいても、人間は同じ自然のもとで、自分が所有する徳とともに生きていけるからです。このようなセネカの発想は、ストア派特有のコスモポリタニズムに由来するものだといえます。

しかし、追放には、貧困や恥辱などのさまざまな不利益が伴います。これらについては、どう考えるべきでしょうか。セネカによれば、貧困は、そもそも恐れるべきものではありません。なぜなら、われわれが生きるのに必要なものはみな、自然が与えてくれるからです。われわれは、贅沢な生活に慣れ、それを失うことを恐れます。しかし、セネカにとっては、むしろ贅沢こそが、われわれの心の病のあらわれなのです。ストア派の哲学によれば、金銭や財産のようなものは、たしかに、人間にとって望ましいものであり、人間を幸福にする力を持ちますが、しかし、使い方を誤れば、人間を破滅に落とし入れ、不幸にしてしまいます。そのようなものは、人間の欲望を肥大化させ、道を誤らせる危険な力を持っているからです。ですから、われわれは、慎重な扱いをしなければならないのです。

恥辱についてはどうでしょうか。セネカによれば、徳を持っていれば、われわれは、恥辱を受けることはありませんし、かりに受けたとしても、容易に耐えることができるのです。

このように、セネカは、追放によって人間にふりかかるさまざまな不都合を、徳の力によって振り払おうとしています。セネカは、自分自身を賢者だとは思っていませんが、賢者を模範とし、賢者のように生きようとしています。

さて、みずからの運命に対する対処を語ると、セネカは、今度は、母親がどのように運命に立ち向かうべきかを述べていきます。セネカは、ヘルウィアに、運命に立ち向かう勇気を持つよう励まし、過去の有徳な女性たちの生き方を模範とするよう勧めます。

セネカは、ここで、女性の徳について語っています。たしかに、彼は、女性が持ちがちな、女性特有の弱さがあると考えています。しかし、それは、女性が男性よりも劣った存在であることを意味するものではありません。男尊女卑の価値観が支配的であった当時の社会にあって、ストア派の哲学者たちは、性差による人間差別には批判的であり、男女平等を唱えていたのです。ストア派の哲学では、人間の価値は、理性と徳を持っているかどうかによって決まるものであり、その能力は、すべての人間に与えられているものだったからです。

しかし、セネカは、そのような徳の力だけで十分だと考えていたわけではありません。ヘルウィアがその悲しみを終わらせるためには、たんに悲しみに耐えるだけでなく、その心の傷を癒してくれるものが必要なのです。セネカは、確実な救いとして、学問に取り組むよう母に勧めます。

ここで、なぐさめの手段として、学問が登場することに、読者は違和感を覚えるかもしれません。われわれは、学問といえば、学校での勉強を思い起こし、実生活には役立たないものというイメージを持ちがちです。ですから、どうしてそのようなものが悲しみを克服する手段になるのかと、疑問に感じることでしょう。ですが、セネカにとって、学問とは、世界の成り立ちとその運動を解明し、世界を動かす法則である運命を知るためになされるものです。ですから、学問をすることによって、われわれは、運命に対処する方法を知ることができるのです。セネカにとって、悲しみとは、こうした運命を知らずに、それに翻弄されることによって生まれてくるものです。ですから、学問をすることこそが、悲しみを克服する最良の手段となるわけです。

しかし、ここでは、セネカは、いまだそうした学問に頼ることのできない母親に配慮して、悲しみを克服する別の方法を提案しています。すなわち、ヘルウィアが愛する人々に、なぐさめを見出すことです。一見すると、理性を重んじるストア派の哲学者セネカにとって、愛情という情念は、望ましくないものではないかと思われるかもしれません。しかし、ここでセネカが語っている愛情は、非理性的な感情というよりは、他者に対する深い思いやりであり、けっして利己的なものではありません。ストア派においても、そのような他者に対する思いやりの徳は重要なものですから、セネカの態度は、かならずしもストア派の教えに反するものではないのです。セネカは、自分の母親を、そのような愛の徳を身につけた人物としてみているのでしょう。

セネカは、私的な事柄については、あまり語ろうとしない哲学者ですが、ここでは、饒舌なまでに、肉親への愛情をあらわにしています。われわれは、ストア派の哲学者に、人情に疎い、つめたい人間というイメージを持ちがちです。しかし、じっさいにはそうではありません。セネカも、私生活においては、肉親を心から愛し、大切にする人物だったのでしょう。本作は、そうしたセネカの深い人間性を垣間見せてくれる作品なのです。

『心の安定について』[3]

本作では、心の安定《トランクイリタス》が主題となっています。心の安定というと、穏やかで、静かに落ち着いている状態を思い浮かべるかもしれません。ですが、セネカがこの言葉で意味しているものは、かならずしも、禅の悟りの境地のような静謐な精神状態のことではありません。むしろ、セネカの言う心の安定とは、ぶれることのない、確固とした生き方のできる心のあり方のことであり、能動的で活動的な心の状態を表わしたものといえます。この言葉のもとになったギリシャ語は「エウテュミア」ですが、それは快活や陽気を意味する言葉であり、セネカが述べているのは、なにものにも惑わされることなく、一途にわが道を行く、活気に満ちた心のあり方のことなのです。

ところが、多くの人間の心は、そのような状態にはありません。人々の心は不安定で一貫性を欠き、たえずぶれて、あらぬ方向に進んで行きます。そのようなぶれた心のあり方がどのようなものかは、冒頭のセレヌスの事例によくあらわれています。

セレヌスは、シンプルな生活に価値を見出し、その価値観に誠実に生きたいと願っています。しかし、彼は、豪華な贅沢を目にするだけで心がぐらつき、簡単に確信が揺らいでしまうのです。また彼は、ひとのためになりたいという立派な大志を抱きながら、仕事や人間関係につまずくと、すぐに心が折れてくじけ、逃げ出してしまいます。そして、どうでもいいきっかけで、またもとの状態に戻ることの繰り返しです。

このような心の弱さは、だれもが持っているものであり、われわれにも無関係ではあ

3　この作品は、茂手木訳、大西訳ともに、『心の平静について』となっていますが、ここでは「安定」という訳語を採用しています。セネカの述べている精神の状態が、より伝わりやすくなるのではと考えてのことです。なお、本作についても、作品の宛名は省略しています。

りません。

こうした心のぶれを引き起こしているのは、セレヌスも冒頭で述べているように、人間が持つさまざまな欠点であり、また、そうした欠点にいつまでも振り回され続け、それを克服できない人間の心の弱さです。むら気、怠惰、気変わり、無気力といった、心のぶれを引き起こすさまざまな欠点から、われわれは、どうすれば自由になれるのでしょうか。

本作品におけるセネカのアドヴァイスは、厳格なものというよりは、むしろ、セレヌスの現状に合わせた、現実的なものになっています。それは、セレヌスが致命的な欠点からはすでに解放され、いわば病の最終段階にいることに由来するものでしょうが、同時に、読者にとっても、より現実的で有益なアドヴァイスになっているといえるのです。

セネカは、欠点を克服するための、具体的なアドヴァイスを、多岐にわたって与えています。ざっとまとめると、話題は次のように整理できます。

①自分の仕事に打ち込み、自分に許された場所で、自分の義務を果たすこと。そし

て、状況が悪化したら、自分から仕事を離れ、閑暇のなかで生きること。（3・1〜5・5）

②仕事を選ぶときには、自分の適性をよく考えるとともに、自分の力量で対処できない仕事や際限のない仕事は避けること。また、一緒に仕事をする、よい友人を選ぶこと。（6・1〜7・6）

③少ない財産で質素な生活を送り、運命に翻弄されないように気をつけること。（8・1〜9・7）

④自分の置かれた境遇に不平を言わず、それに慣れること。どんな運命に襲われるか分からないから、つねに警戒を怠らず、備えをしておくこと。（10・1〜11・12）

⑤けっして、無意味で無益な仕事はしないこと。運命に翻弄されることなく、自分を保ち、逆境でも動じないこと。（12・1〜14・10）

⑥人々の欠点に絶望して嘆くようなことをせず、それを笑って受け止めるか、冷静に受け入れるかすること。（15・1〜6）

⑦正しい人間が不運に見舞われる姿を見ても、けっして絶望しないこと。（16・

1〜4）

⑧自分を取り繕うようなことをせず、率直な生き方を心がけること。（17・1〜2）

⑨ひととの交わりに疲れたら、孤独に逃げ込むこと。（17・3）

⑩心が疲労したら、さまざまな方法で気晴らしを与え、活力を回復させること。（17・4〜11）

以上のセネカのアドヴァイスは、ほかの作品には見られない特徴を持っています。セネカは、通常は、賢者の徳の力を強調し、それを理想として目指すよう、ひとびとに勧めます。すなわち、徳の育成を通して、人間の欠点を克服しようとするのです。ところが、本作のセネカは、そのような徳の力によって欠点を打ち破ろうとはせず、むしろ、そのような欠点から脱しきれないことを想定して、欠点ができるだけ悪影響を及ぼさない環境を作り出そうとしているのです。

運命への対処についても同様です。たしかに、運命に打ち勝つ賢者の描写はなされています（11・1〜）。しかし、セネカは、そのような賢者を目指すことを、セレヌスに勧めはしません。セネカが勧めるのは、運命に対する警戒を怠ることなく、なにかがおこったときに、できるだけ損害が少なくなる状態に自分を置いておくことなのです。

このように、ここでのセネカのアドヴァイスはみな、賢者になりきれない人間の弱さに配慮した、より現実的なものになっています。こうした本作独特のセネカの態度を、ストア派ほんらいの立場とは異なる妥協的なものとみなす必要はありません。むしろ、ストア派の思想とは、理想を振り回して押し付けるような、硬直したものではなく、人間の現実の姿に対応した倫理を示すことのできる柔軟なものなのです。その意味で、本作でのセネカの議論は、ストア派の哲学のもうひとつの側面を、われわれに見せてくれているのです。

セネカ年譜

［注］セネカの生涯における事件は、明確な年代が不明な場合が多く、諸説がある。生年についても同様であるが、本年譜では紀元前一年を誕生の年とし、年齢はここから起算することにする。

紀元前一年

ルキウス・アンナエウス・セネカ、父セネカ（大セネカ）と母ヘルウィアの二男として、ローマ帝国の属州ヒスパニア・バエティカの都コルドバに生まれる。父は、著名な弁論家であり、セネカの家は、騎士階級に属する裕福な名家であった。セネカは、幼いころに、父や伯母とともに、ローマに移り住んだ。

一四年　一三歳

初代皇帝アウグストゥス死去。ティベリウスが第二代皇帝に即位した。セネカは、このころより、父から弁論術の教育を受けている。また、さまざまな学派の哲学者に師事して、本格的に哲学を学んだ。セネカは、哲学の道に進むことを望んだが、許されず、父の希望に従って、政治の道を目指すことになった。

二五年　二四歳

セネカは、官職に就任するために努力するが、無理がたたり、結核を患ってしまう。彼は、療養のために、属州エジプトの領事を務めていた伯父ガイウス・ガレリウスのもとに滞在し、数年間にわたる療養生活を送る。

三一年　三〇歳

セネカは、伯母の献身的な介護のおかげで健康を回復する。このころ、任期の終わった伯父夫婦とともにローマに帰国するが、その途上で嵐に遭遇し、伯父は命を落としてしまう。

三七年　三六歳

ティベリウス帝死去。カリグラが第三代皇帝に即位する。

三九年　三八歳

セネカは、このころ、ようやく、政治的キャリアの第一歩である財務官に就任することができた。セネカの政治的手腕は評価され、彼の弁論を聞いたカリグラ帝は、その才能に嫉妬し、セネカを処刑しようとした。しかし、とある女性の助言で処刑をあきらめ、セネカは命拾いした。

四〇年　三九歳

このころ、父の大セネカが死去する。

四一年　四〇歳

カリグラ帝が暗殺され、クラウディウスが第四代皇帝に即位する。

この年、母ヘルウィアが、ヒスパニアからローマを訪問し、セネカのもとに滞在する。滞在中に、セネカの生まれたばかりの息子が死去。その後ヘルウィアはローマを離れるが、そのわずか二日後、セネカは、クラウディウス帝の妃メッサリナの画策により姦通罪に問われ、追放刑が決まる。
その後、セネカは、コルシカ島で八年間の追放生活を送る。コルシカ島では、文学研究や、自然学研究に打ち込みながら、政界への復帰のために活動した。追放からしばらくした後、母宛になぐさめの書簡『母へルウィアへのなぐさめ』を送る。

四八年　四八歳
クラウディウス帝、メッサリナを処刑し、その翌年アグリッピナと結婚する。アグリッピナの進言により、セネカは赦免され、ローマに戻ることができた。帰国後、アグリッピナの要請により、ネロの教育係に就任する。その数年後、近衛軍団長官のブッルスもネロの教育に加わり、以後、両者の協力関係が続く。
このころ、セネカは、多数の悲劇作品を執筆している。また、『人生の短さについて』も、このころ執筆された。

五〇年　四九歳
セネカ、法務官に就任する。ネロ、クラウディウスと養子縁組を結ぶ。

五一年　五〇歳
このころ、セネカの兄ノウァトスが、アカイア属州の総督に就任する。

五四年　五三歳
クラウディウス帝が死去し、ネロが第五代皇帝に即位する。

五五年　五四歳
このころ、セネカの兄ノウァトスが執政官に就任。それに続き、セネカも執政官に就任した。その後は、ブッルスとともに、ネロの補佐役を務める。また、友人のセレヌス宛に『心の安定について』を執筆する。

五九年　五八歳

ネロ、母アグリッピナを処刑する。

六二年　六一歳

ブッルスが毒殺される。セネカは大切な盟友を失い、その政治的影響力は衰えていく。その後、セネカはネロに辞表を出し、その死まで、隠遁生活を送る。この隠遁生活中に、セネカは精力的な執筆活動をおこなった。この時期の主な著作として、『恩恵について』『自然研究』『倫理書簡集』などがある。

六五年　六四歳

貴族のピソを首謀者とするネロ暗殺の陰謀が発覚する。セネカは、陰謀に加担した嫌疑をかけられ、ネロによって、自殺を命じられる。セネカは、手足の血管を切って自殺を図るが、死に切れず、しばらく苦しんだあと、ようやく息絶えた。

訳者あとがき

　私がはじめてセネカを手にしたのは、茂手木元蔵訳の岩波文庫『人生の短さについて』で、たしか、大学に入学した年に購入して読んだ記憶があります。表題から、ひとの生のはかなさを嘆き悲しむ本だろうと思いきや、人々の時間の使いかたを厳しく批判する内容に意表を突かれるとともに、そこで説かれているストア哲学の毅然とした倫理に対して、素直に感銘を受けたことをおぼえています。

　それ以来、セネカをはじめとするストア派の哲学者たちの作品には、おりにふれて親しんできましたが、そんなおり、プラトンの作品『プロタゴラス』と『饗宴』を翻訳したときにもお世話になった渡辺邦夫先生から、セネカを訳してみないかというお誘いをいただきました。何年か前に渡辺先生とお話ししたとき、ストア派の哲学者の作品を訳してみたいと漏らしたことがあるのですが、それをおぼえていてくれて、私を訳者として推薦してくれたのです。絶好の機会と思い、喜んで引き受けさせていただきました。

セネカは、日本でも人気が高く、入門書のようなものもたくさん出版されてきましたし、翻訳も多数存在しています。哲学に関わる作品の大部分は、すでに茂手木元蔵氏による三冊の作品集によって、二十年以上前に、網羅的に紹介されています（『道徳論集』、『道徳書簡集』、『自然研究』、東海大学出版会）。その後、二〇〇五～六年にかけて、『セネカ哲学全集』（全六巻）が岩波書店から発刊され、セネカの哲学的著作のすべてが、日本語で読めるようになりました。文庫版のほうも、全集の出版に伴い、旧来の茂手木元蔵訳から、新たな大西英文訳に刷新されています。

このような状況のなかで、セネカの代表作の新訳を、古典新訳文庫のラインナップに加えるからには、やはり、古典新訳文庫の理念に沿った新しさが必要です。そこで、今回の新訳では、はじめてセネカの作品に触れるひとでも、この一冊を読めば、セネカの人と思想を知ってもらえるような作品集を目指すことにしました。

この理念に沿う作品は何だろうかと、いろいろと考えたあげく、岩波文庫版にはない作品も収録することにしました。岩波文庫版には「幸福な生について」という作品が収録されていますが、その代わりに、「母ヘルウィアへのなぐさめ」を加えてはどうかと考えたのです。まえがきで述べているように、この作品を加えれば、セネカの哲学だけでなく、彼の人生や人間関係、さらには彼を襲った運命との格闘についても、彼自身の口を通して知ることができると思ったからです。

訳文についても、入門的な作品集であることを配慮して、できるだけ平明で分かりやすい語彙を用い、簡潔で読みやすい文章となるよう心がけました。もちろん、これによって、原文が持っているラテン語の格調高い調子が失われることは望ましくありません。読みやすさと格調をいかに調和させるか、ずいぶんと苦労しました。自分としては、最善を尽くしたつもりですが、この点は読者諸賢の評価を待つしかありません。ご意見、ご感想をお寄せいただければさいわいです。

最後になりますが、今回も光文社翻訳編集部の中町俊伸さんには、たいへんお世話になりました。毎度のことながら、出来上がった原稿には丹念にコメントしていただき、大いに助けられました。また、翻訳の完成まで予想外に時間がかかってしまいましたが、辛抱強く待っていただくことができ、おかげさまで満足のいくものができたと思っています。この場をかりて、お礼申し上げます。

kobunsha classics
光文社古典新訳文庫

人生《じんせい》の短《みじか》さについて　他《ほか》2篇《へん》

著者　セネカ
訳者　中澤《なかざわ》 務《つとむ》

2017年3月20日　初版第1刷発行
2024年10月30日　　　　10刷発行

発行者　三宅貴久
印刷　萩原印刷
製本　ナショナル製本

発行所　株式会社光文社
〒112-8011東京都文京区音羽1-16-6
電話　03（5395）8162（編集部）
　　　03（5395）8116（書籍販売部）
　　　03（5395）8125（制作部）
www.kobunsha.com

ISBN978-4-334-75350-4 Printed in Japan

いま、息をしている言葉で、もういちど古典を

長い年月をかけて世界中で読み継がれてきたのが古典です。奥の深い味わいある作品ばかりがそろっており、この「古典の森」に分け入ることは人生のもっとも大きな喜びであることに異論のある人はいないはずです。しかしながら、こんなに豊饒で魅力に満ちた古典を、なぜわたしたちはこれほどまで疎んじてきたのでしょうか。

ひとつには古臭い教養主義からの逃走だったのかもしれません。真面目に文学や思想を論じることは、ある種の権威化であるという思いから、その呪縛から逃れるために、教養そのものを否定しすぎてしまったのではないでしょうか。

いま、時代は大きな転換期を迎えています。まれに見るスピードで歴史が動いていくのを多くの人々が実感していると思います。

こんな時わたしたちを支え、導いてくれるものが古典なのです。「いま、息をしている言葉で」——光文社の古典新訳文庫は、さまよえる現代人の心の奥底まで届くような言葉で、古典を現代に蘇らせることを意図して創刊されました。気取らず、自由に、心の赴くままに、気軽に手に取って楽しめる古典作品を、新訳という光のもとに読者に届けていくこと。それがこの文庫の使命だとわたしたちは考えています。

このシリーズについてのご意見、ご感想、ご要望をハガキ、手紙、メール等で翻訳編集部までお寄せください。今後の企画の参考にさせていただきます。
メール　info@kotensinyaku.jp

光文社古典新訳文庫　好評既刊

プロタゴラス　あるソフィストとの対話
プラトン／中澤《なかざわ》 務《つとむ》◉訳

若きソクラテスが、百戦錬磨の老獪なソフィスト、プロタゴラスに挑む。ここには通常イメージされる老人のソクラテスはいない。躍動感あふれる新訳で甦るギリシャ哲学の真髄。

饗宴
プラトン／中澤《なかざわ》 務《つとむ》◉訳

悲劇詩人アガトンの祝勝会に集まったソクラテスほか六人の才人たちが、即席でエロスを賛美する演説を披瀝しあう。プラトン哲学の神髄であるイデア論の思想が論じられる対話篇。

ゴルギアス
プラトン／中澤《なかざわ》 務《つとむ》◉訳

人びとを説得し、自分の思いどおりに従わせることができるとされる弁論術に対し、ソクラテスは、ゴルギアスら3人を相手に厳しい言葉で問い詰める。プラトン、怒りの対話篇。

ソクラテスの弁明
プラトン／納富《のうとみ》 信留《のぶる》◉訳

ソクラテスの裁判とは何だったのか？　ソクラテスの生と死は何だったのか？　その真実を、プラトンは「哲学」として後世に伝え、一人ひとりに、自分のあり方、生き方を問う。

メノン——徳《アレテー》について
プラトン／渡辺《わたなべ》 邦夫《くにお》◉訳

二十歳の青年メノンを老練なソクラテスが挑発する。西洋哲学の豊かな内容をかたちづくる重要な問いを生んだプラトン初期対話篇の傑作。『プロタゴラス』につづく最高の入門書。

テアイテトス
プラトン／渡辺《わたなべ》 邦夫《くにお》◉訳

知識とは何かを主題に、知識と知覚について、記憶や判断、推論、真の考えなどについて対話を重ね、若き数学者テアイテトスを「知識の哲学」へと導くプラトン絶頂期の最高傑作。

パイドン——魂について
プラトン／納富《のうとみ》信留《のぶる》◉訳

死後、魂はどうなるのか？　肉体から切り離され、それ自身存在するのか？　永遠に不滅なのか？　ソクラテス最期の日、弟子たちと獄中で対話する、プラトン中期の代表作。

ソクラテスの思い出
クセノフォン／相澤《あいざわ》康隆《やすたか》◉訳

徳、友人、教育、リーダーシップなどについて対話するソクラテスの日々の姿を、自らの見聞に忠実に記した追想録。同世代のプラトンによる対話篇とはひと味違う「師の導き」。

ニコマコス倫理学（上）
アリストテレス／渡辺《わたなべ》邦夫《くにお》・立花《たちばな》幸司《こうじ》◉訳

まっとうな努力で得た徳《アレテー》のみが人の真の価値と真の幸福の両方をきめる。徳の持続的な活動がなければ幸福ではない、と考えたアリストテレス。善く生きるための究極の倫理学講義。

ニコマコス倫理学（下）
アリストテレス／渡辺《わたなべ》邦夫《くにお》・立花《たちばな》幸司《こうじ》◉訳

知恵、勇気、節制、正義とは何か？　意志の弱さ、愛と友人、そして快楽。もっとも古くて、もっとも現代的な究極の幸福論、究極の倫理学講義をアリストテレスの肉声が聞こえる新訳で！

政治学（上）
アリストテレス／三浦《みうら》洋《ひろし》◉訳

「人間は国家を形成する動物である」。この有名な定義で知られるアリストテレスの主著の一つ。最善の国制を探究し、後世に大きな影響を与えた政治哲学の最重要古典。

政治学（下）
アリストテレス／三浦《みうら》洋《ひろし》◉訳

国制の変動の原因と対策。民主制と寡頭制の課題と解決。国家成立の条件。そして政治の最大の仕事である優れた市民の育成。幸福と平等と正義の実現を目指す最善の国制とは？

光文社古典新訳文庫　好評既刊

詩学

アリストテレス／三《み》浦《うら》 洋《ひろし》◉訳

古代ギリシャ悲劇を分析し、「ストーリーの創作」として詩作について論じた西洋における芸術論の古典中の古典。二千年を超える今も多くの人々に刺激を与え続ける偉大な書物。

神学・政治論（上）

スピノザ／吉《よし》田《だ》 量《かず》彦《ひこ》◉訳

哲学と神学を分離し、思想・言論・表現の自由を確立しようとするスピノザの政治哲学の独創性と今日的意義を、画期的に読みやすい訳文と豊富な訳注、詳細な解説で読み解く。

永遠平和のために／啓蒙とは何か　他3編

カント／中《なか》山《やま》元《げん》◉訳

「啓蒙とは何か」で説くのは、自分の頭で考えることの困難と重要性。「永遠平和のために」では、常備軍の廃止と国家の連合を説く。現実的な問題意識に貫かれた論文集。

純粋理性批判（全7巻）

カント／中《なか》山《やま》元《げん》◉訳

西洋哲学における最高かつ最重要の哲学書。難解とされる多くの用語をごく一般的な用語に置き換え、分かりやすさを徹底した画期的新訳。初心者にも理解できる詳細な解説つき。

実践理性批判（全2巻）

カント／中《なか》山《やま》元《げん》◉訳

人間の心にある欲求能力を批判し、理性の実践的使用のアプリオリな原理を考察したカントの第二批判。人間の意志の自由と倫理から道徳原理を確立させた近代道徳哲学の原典。

判断力批判（上・下）

カント／中《なか》山《やま》元《げん》◉訳

美と崇高さを判断し、世界を目的論的に理解する力。自然の認識と道徳哲学の二つの領域をつなぐ判断力を分析した、カント批判哲学の集大成。「三批判書」個人全訳、完結！

光文社古典新訳文庫　好評既刊

道徳形而上学の基礎づけ

カント／中山《なかやま》元《げん》◉訳

なぜ嘘をついてはいけないのか？　なぜ自殺をしてはいけないのか？　多くの実例をあげて道徳の原理を考察する本書は、きわめて現代的であり、いまこそ読まれるべき書である。

善悪の彼岸

ニーチェ／中山《なかやま》元《げん》◉訳

西洋の近代哲学の限界を示し、新しい哲学の営みの道を拓こうとした、ニーチェ渾身の書。アフォリズムで書かれたその思想を、ニーチェの肉声が響いてくる画期的新訳で！

道徳の系譜学

ニーチェ／中山《なかやま》元《げん》◉訳

『善悪の彼岸』の結論を引き継ぎながら、新しい道徳と新しい価値の可能性を探る本書によって、ニーチェの思想は現代と共鳴する。ニーチェがはじめて理解できる決定訳！

ツァラトゥストラ（上・下）

ニーチェ／丘沢《おかざわ》静也《しずや》◉訳

「人類への最大の贈り物」「ドイツ語で書かれた最も深い作品」とニーチェが自負する永遠の問題作。これまでのイメージをまったく覆す、軽やかでカジュアルな衝撃の新訳。

この人を見よ

ニーチェ／丘沢《おかざわ》静也《しずや》◉訳

精神が壊れる直前に、超人、偶像、価値の価値転換など、自らの哲学の歩みを、晴れやかに痛快に語った、ニーチェ自身による最高のニーチェ公式ガイドブックを画期的新訳で。

読書について

ショーペンハウアー／鈴木《すずき》芳子《よしこ》◉訳

「読書とは自分の頭ではなく、他人の頭で考えること」。読書の達人であり、一流の文章家が繰り出す、痛烈かつ辛辣なアフォリズム。読書好きな方に贈る知的読書法。

光文社古典新訳文庫　好評既刊

共産党宣言
マルクス、エンゲルス／森田《もりた》成也《せいや》◉訳

マルクスとエンゲルスが共同執筆し、その後の世界を大きく変えた歴史的文書。エンゲルスによる「共産主義の原理」、各国語版序文、「宣言」に関する二人の手紙（抜粋）付き。

君主論
マキャヴェッリ／森川《もりかわ》辰文《よしふみ》◉訳

傭兵ではなく自前の軍隊をもつ。人民を味方につける…。フィレンツェ共和国の官僚だったマキャヴェッリが、君主に必要な力量を示した、近代政治学の最重要古典。

自由論
ミル／斉藤《さいとう》悦則《よしのり》◉訳

個人の自由、言論の自由とは何か。本当の「自由」とは。二十一世紀の今こそ読まれるべき、もっともアクチュアルな書。徹底的にわかりやすい訳文の決定版。（解説・仲正昌樹）

カンディード
ヴォルテール／斉藤《さいとう》悦則《よしのり》◉訳

楽園のような故郷を追放された若者カンディード。恩師の「すべては最善である」の教えを胸に度重なる災難に立ち向かう。「リスボン大震災に寄せる詩」を本邦初の完全訳で収録！

寛容論
ヴォルテール／斉藤《さいとう》悦則《よしのり》◉訳

実子殺し容疑で父親が逮捕・処刑された〝カラス事件〟。著者はこの冤罪事件の被告の名誉回復のために奔走する。理性への信頼から寛容であることの意義、美徳を説く歴史的名著。

笑い
ベルクソン／増田《ますだ》靖彦《やすひこ》◉訳

〝笑い〟を引き起こす〝おかしさ〟はどこから生まれるのか。形や動きのおかしさから、情況や言葉、そして性格のおかしさへと、喜劇のさまざまな場面や台詞を引きながら考察を進める。

kobunsha classics

KOBUNSHA